지구의 질문

삶의 문제로

기후위기 과학을 넘어

지구의 질문

공우석 지음

지구의 질문

1쇄 발행 2026년 4월 28일

지은이 공우석
펴낸이 조일동
펴낸곳 드레북스

출판등록 제2025-000023호
주소 서울시 은평구 통일로 630 래미안 베라힐즈 203동 1102호
전화 010-4216-9294
이메일 drebooks@naver.com
인스타그램 @drebooks

인쇄 (주)프린탑
배본 최강물류

ISBN 979-11-93946-72-5 03300

- 이 책은 저작권법에 따라 보호받는 저작물이므로 무단 전재와 무단 복제를 금지하며, 이 책의 전부 또는 일부를 이용하려면 저작권자와 드레북스의 동의를 받아야 합니다.
- 책값은 뒤표지에 있습니다.
- 잘못된 책은 구입하신 서점에서 바꿔 드립니다.

지구가 인류에게 전하는 생존과 공생의 문법

들어가며

기후변화, 자연재해, 환경오염, 생태계 붕괴 등으로 지구 시스템이 위기를 맞고 있다고 우려하는 분위기다. 생물의 멸종을 가져왔던 지질학적 큰 사건에 따라 새로운 지질시대를 구분한 것처럼 오늘을 인류세라는 새로운 지질시대로 구분해야 한다는 주장도 있다. 지구의 현주소를 알려면 지구의 시작부터 오늘에 이르기까지를 타임머신을 타고 시간을 거슬러 돌아보고, 공간적으로는 5대양 6대주의 시스템이 서로 어떻게 복잡하게 얽혀 있는지를 비교하고 분석해 답을 찾아야 한다.

　지구가 탄생한 뒤 오랜 시간이 지난 뒤 등장한 인류는 진화를 거듭하면서 유력한 존재가 되었다. 인구가 늘면서 거주 공간을 넓혔고, 채집사회에서 농경사회를 거쳐 과학기술이 발달하면서 이제는 산업화와 도시화 된 지구에서 AI를 곁에 둔 강력한 지배자가 되었다. 인간이 거주하는 공간이 넓어지고 소비하는 토지와 에너지 등 자원이 늘어나면서 지구 시스템은 오랜 시간에 걸쳐 형성된 조화롭고 균형 잡힌 에너지의 흐름과 물질의 순환 체계가 무너지고 있다. 화석연료 소비가 늘면서 이산화탄소, 메탄가스와 같은 온실기체 발생원은 증가했고, 온실기체 흡수원인 숲이 사라지면서 지구온난화는 거부할 수 없는 현실이 되었다. 나무와 숲이 사라지면서 땅, 공기, 물, 생명 체계의 연결망에는 혼돈과 이상 현상이 끊이지 않는다.

　기후변화는 인간의 생활을 불편하게 만드는 데 그치지 않고 지구 시스템을 근본적으로 뒤흔들며, 생태계 변화를 일으키고, 생물다양성 감소와 멸종을 부추기며, 이제는 인류의 미래까지 위협하는 수준에 이르렀다. 온실기체 배출이 늘며 나타난 지구온난화는 가뭄, 폭염, 폭우, 태풍, 한파, 폭설 등 자연재해를 일으켜 인명과 경제적 피해를 가져오기도 한다.

기후변화의 피해는 육상뿐만 아니라 해양에도 회복하기 어려운 부담이 되었고, 그 피해는 선진국보다는 플랜테이션, 자원개발 등으로 열대우림이 황폐해진 개발도상국에 편중되면서 남북 간 불균형이 갈수록 심해지고 있다. 기후변화는 극지, 툰드라, 고산, 사막, 열대우림, 습지, 도서와 같이 취약한 단위 생태계에 생태계 붕괴, 생물 멸종 등 비가역적인 결과를 가져오므로 사후 대응보다는 사전 예방이 바람직하다. 급증하는 초미세먼지, 방사성 물질, 플라스틱, 전염병 등도 인류의 생존하는 위협하는 수준에 이르러 국제적으로 대책 마련에 분주하다.

1970년대 이후 고도의 압축적인 경제성장을 이룬 우리나라는 의식주 수준이 빠르게 향상되면서 자연생태계가 감당해야 할 부담인 생태적 용량을 초과했다. 이에 따라 기후변화에 효과적으로 대응하기 위해 화석에너지 소비를 줄이고, 재생에너지 비율을 높이는 저탄소 또는 탄소중립 사회로 대전환해서 국가경쟁력을 높이는 사회시스템을 마련해야 한다는 요구가 높다.

자연과 더불어 살며 편안하고 지속 가능한 공간을 꿈꾸는 우리에게 반문하는 '지구의 질문'을 들어보자. 기름값, 전기료, 공공요금이 싸면 모두에게 좋은 것일까? 밥 대신 먹은 삼겹살과 치킨 그리고 후식으로 마신 커피와 달콤한 열대과일은 지속 가능한 소비일까? 문 안의 반려 생물과 문밖의 야생생물 가운데 누가 더 소중한 존재일까? 풍요로운 의식주를 지탱하는 오늘날의 생활방식은 앞으로도 지속 가능할까? 나는 기후변화와 환경오염의 피해자일까 아니면 가해자인가? 자연의 권리를 존중하면서 지구와 공생하는 삶의 방식은 어떤 것인가? 지구가 인류에게 묻는 '지구의 질문'에 응답하면서 나무와 숲과 함께 사는 길을 찾을 수 있을까? 나의 선택은 무엇이어야 할까?

차례

인류세
의
고민들

모두를 위한
푸른 별

그 별에 깃든 생명

　태초의 원시지구는 암석권과 기권으로만 이루어져 현재와는 전혀 달랐다. 원시대기의 98%는 이산화탄소였고, 1.9%의 질소와 아르곤 등으로 구성되었다. 대기 중에는 온실효과를 일으키는 기체인 이산화탄소가 많아 태양복사 에너지가 지구를 매우 덥게 했다. 그 결과 240~340도의 기온에 60기압에 이르는 고온 고압 상태의 지구에는 액체 상태의 물이 존재하지 않았다.

　시간이 지나 지구가 식어가면서 원시대기의 수증기는 비로 내려 하천을 거쳐 바다에 이르러 수권이 만들어졌다. 그린란드에서 발견된 38억 년 전의 퇴적암에 섞여 있는 둥근 자갈은 당시에 바다가 있었음을 알려준다. 바다가 만들어지면서 대기 중에 가

득하던 이산화탄소는 바닷물에 녹아 줄어들었다. 해저에 석회암과 같은 암석이 만들어지면서 공기 속의 이산화탄소량도 줄어들었다. 원시대기를 주로 차지하던 이산화탄소가 질소와 산소로 대치되는 것은 지구의 발달 과정에서 매우 중요한 사건이다.

새로 만들어진 바다에는 햇빛과 물이 풍부하고 육지에서 흘러 들어 온 영양분들이 많아 생명체가 태어날 수 있었다. 바다에 엽록소를 가져 광합성을 하는 단세포 미생물이 등장하면서 산소가 늘어나 대기에도 변화가 생겼다. 지구의 대기 중에 산소가 생긴 것은 시생대인 35억~32억 년 전으로, 조류(말류)가 바닷속에서 광합성을 하면서 만들어진 기체 산소 분자가 자외선에 의해 산소 원자로 분해된 뒤 다시 결합해 오존을 형성했다. 25억~20억 년 전 원생대에는 식물의 활동이 왕성해 대기 중에 산소가 많아졌다.

약 6억 년 전 고생대 캄브리아기에는 식물의 활동이 활발해져 대기 중 산소량이 오늘날처럼 21%에 이르렀으며, 차츰 많아진 오존들이 모여 지상 25km 높이의 성층권에 오존층을 형성했다. 오존층이 생명체에 해로운 자외선을 막아주자 5억 년 전후인 고생대 오르도비스기 또는 실루리아기부터 생물들은 바다를 벗어나 육상으로 진출했다. 4억 년 전인 고생대 데본기에는 육상식물이 본격적으로 나타났고 물고기를 비롯한 동물들도 출현했으며, 9,000만~7,000만 년 전 중생대 백악기에는 젖먹이동물이 등장했다. 지금으로부터 700만~200만 년 전에 고인류가 등장하면서 인간은 지구에서 중요한 생태계 구성원이 되었다.

현재 지구의 공기는 질소 78.1%, 산소 20.9%, 아르곤 0.934%, 이산화탄소 0.04% 등으로 이루어졌으며, 평균기온은 14도 정도, 기압은 1기압에 이르렀다. 오늘날 지구는 육지와 바다가 있고, 산소를 포함한 대기가 있으며, 인간을 포함한 생명체와 토양이 어우러진 푸른 별이다.

푸른 별을 뒤흔든 날

과거에 살았던 생물종들 중 99% 이상은 지금은 멸종해 볼 수 없다. 대부분의 생물종은 지질시대에 일어난 소규모의 멸종 현상인, 약 10만 년 정도의 배경 멸종 기간에 걸쳐 서서히 사라졌다. 그러나 짧은 기간 내에 생명체 대부분을 멸종시킨 사건이 여러 차례 있었다.

5억여 년 전 지구상에 생명체가 출현한 이래 지금까지 생물은 다섯 차례 대멸종했다. 제1차 대멸종은 4억 4,000만~4억 5,000만 년 전 고생대 오르도비스기와 실루리아기였다. 제1차 대멸종은 다섯 번의 대멸종 가운데 두 번째로 피해가 커, 당시 해양에 살던 생물들의 57%가 사라졌다. 고생대 중기인 실루리아기 말기에도 대양의 산소가 광범위하고 빠르게 사라지면서 해양생물의 약 23%가 멸종했다.

제2차 대멸종은 3억6,000만~3억7,500만 년 전 고생대 데본기와 석탄기의 경계에서 10만~30만 년 간격을 두고 두 차례 발생했다. 데본기 때는 온도가 34~26도까지 급격하게 내려가면서 많은 생물이 사라졌다.

제3차 대멸종은 2억5,100만 년 전인 고생대 페름기와 중생대 트라이아스기 경계에서 나타났다. 이때는 지구 역사상 가장 컸던 대규모 생물 멸종 시기로, 생명체들 중 약 96%가 지구온난화로 인한 해양의 산소 부족으로 멸종했다. 기온이 올라가자 해양 생명체들의 물질대사는 더 빨라졌는데, 따뜻해진 바닷물 때문에 산소가 부족해져 해양생물들이 몰살했다.

제4차 대멸종은 2억500만 년 전 중생대 트라이아스기와 쥐라기 때로, 대규모 화산 폭발로 대기 중의 이산화탄소가 급증하면서 800만 년 동안 지구온난화가 이어졌다. 이때 산호와 암모나이트, 코노돈트를 비롯한 해양 생물체들이 피해를 보았다. 지구에 소행성이 충돌하면서 파충류를 비롯한 육상생물의 약 80%, 해양생물의 약 20%가 멸종하기도 했다. 제4차 대멸종 이후는 파충류가 지배하는 시대로, 해양에는 어룡, 하늘에서는 익룡, 육상에는 공룡이 번성했다.

제5차 대멸종은 공룡의 멸종으로 널리 알려진 6,600만 년 전 중생대 백악기와 신생대 제3기 사이에 일어났다. 대멸종은 100만~250만 년 동안 일어났으며, 이는 대멸종이 가장 빠르게 발생한 사건이었다.

6,600만 년 전 지구에 소행성이 충돌하면서 멕시코 동북부 유카탄반도 인근 바다에 직경 약 185㎞, 깊이 약 20㎞의 칙술루브 충돌구를 만들었다. 당시 소행성의 충돌로 대규모 지진해일이 발생해 전 세계 바다는 대혼란에 빠졌다. 소행성 충돌로 인해 제2차 세계대전 때 사용된 원자폭탄 100억 개에 달하는 위력으로 수천 킬로미터 밖의 식생이 불에 타고 지진해일은 내륙까지 휩쓸었다. 소행성 충돌과 거대한 화산활동으로 지구상에는 많은 양의 이산화탄소가 생겨났다.

당시 충돌로 3,250억 톤의 황이 대기 속으로 방출되면서 에어로졸을 만들어 햇빛을 가로막아 기후가 변화했다. 황과 함께 화재로 만들어진 많은 양의 검댕도 햇빛을 차단해 기후가 한랭해지면서 공룡을 비롯해 지구상의 생물들 중 75%가 멸종했다. 소행성이 충돌하면서 엄청난 피해를 미쳤지만, 공룡과 익룡, 암모나이트를 비롯한 지구 생물의 대멸종을 가져오는 직접적인 원인은 기후변화였다. 이후 파충류의 시대는 저물고 포유류가 번성하기 시작했다.

현재는 신생대 제4기 홀로세를 지나 인간에 의해 지구 환경이 크게 파괴되고 오염된 새로운 지질시대인 인류세라고 부른다. 지질시대 생물들의 멸종이 자연적인 원인 때문이었다면, 홀로세와 인류세는 인간에 의해 많은 생물들이 멸종위기에 처해 제6차 대멸종의 시대라고 부르기도 한다.

지구의 인류
인류의 지구

　지구상에 현생인류가 등장한 것은 지금으로부터 약 30~20만 년 전으로, 먹을거리를 채집하고 수렵하던 구석기시대를 거치면서 인구는 늘고 거주지도 넓어졌다. 빙하기가 끝난 1만2,000년 전쯤에 기후가 온난해지면서 작물을 재배하고 가축을 기르면서 정착 생활하는 신석기시대가 시작되었다. 지구상에 마지막으로 등장한 인류가 불을 사용하고 농업혁명과 산업혁명을 거쳐 최근의 제4차 산업혁명 시대를 거치면서 지구의 시스템을 뒤흔들었고, 기후변화와 생물의 멸종, 전염병이 이어지는 등 이전과 전혀 다른 문을 열었다.

　인류는 지구의 역사와 함께해 온 생물종들 중에서 가장 문명적인 존재이지만 가장 파괴적인 존재이기도 하다. 자연을 극복하며 번성한 인류가 이제는 지구의 미래와 자신의 생존마저 위협하기에 이르렀다. 자연적인 요인으로 인한 대멸종이 아니라 우리 스스로 대멸종을 부추기고 있다.

현대를 사는 인간과 해부학적으로 같은 현생인류인 호모 사피엔스는 앞서 살았던 인류들과의 치열한 생존경쟁에서 살아남은 유일한 인간 종이다. 호모 사피엔스는 다른 인류들보다 뇌가 훨씬 크고 언어를 비롯한 인지능력이 발달해 생존경쟁을 극복했다. 호모 사피엔스와의 경쟁에서 밀린 네안데르탈인은 약 40만 년 전부터 4만~2만 년 전에 유럽과 아시아 지역에서 번성했던, 인류의 가장 가까운 친척이었다. 성인의 키가 약 1.1m, 몸무게는 25㎏ 내외로 지금까지 발견된 화석 인류들 가운데 체구가 가장 작았던 플로렌스인은 약 5만 년 전에 지구에서 자취를 감추었다.

호모 사피엔스는 아프리카 대륙에서 기원하지만, 구체적인 발상 시기와 발상지에 대해서는 논란이 있다. 현생인류의 가장 오래된 혈통은 20만 년 전 아프리카 남부 칼라하리 지역에서 출현했고, 기후가 변화하면서 이동한 것으로 알려졌다.

약 13만 년 전에는 잠비아와 탄자니아 등 현생인류 발상지 북동쪽에, 약 11만 년 전에는 나미비아와 남아프리카공화국 등 남서쪽에 숲이 발달한 녹지가 있었던 것으로 보고 있다. 호모 사피엔스는 급격한 기후변화에 따라 크게 다섯 차례에 걸쳐 대이동을 했다. 동아프리카 지역은 당시에 거대한 녹색 통로가 발달했지만, 지구 자전축이 두 차례 뒤틀리면서 극심한 가뭄과 추위가 지구를 덮쳤다. 기후가 변화하면서 현생인류와 동물들은 고향을 떠났고, 녹색 통로를 거쳐 살기 좋은 곳을 찾아 퍼져 나갔다.

유골 화석 등의 고고학적 증거와 대륙이동설을 비롯한 지질학적 정황, 유전자 분석 결과 등에 따르면 현생인류는 9만~8만 년 전 남부 유럽과 인도, 남중국으로 이주했다. 1만4,000년 전쯤에는 유라시아의 러시아와 북아메리카의 알래스카 사이의 베링해협을 건너 아메리카 대륙으로 이동했다. 아시아에서의 현생인류 흔적도 오래되어, 약 7만3,000년 전 인도네시아 수마트라 섬에 현생인류가 살았고, 중국 남부의 후난성 동굴에서는 12만~8만 년 전의 치아 화석이 나왔으며, 대만 해역에서는 최대 19만 년 전까지 거슬러 올라가는 현생인류 조상의 턱뼈가 발견되었다.

호모 사피엔스가 30만 년 전 아프리카에서 태어나 12만 년 전에 아시아 전역으로 이주를 시작했다는 주장도 있다. 이에 더해 아프리카 북부 모로코에서 발견된 31만 년 전 화석이 현생인류의 것으로 밝혀지면서 인류의 탄생 연대도 10만 년 앞선다는 견해도 있다. 현재 생존하는 인류의 직접적인 조상인 호모 사피엔스 사피엔스는 약 5~4만 년 전에 지구상에 나타났다.

지워지지 않는
흔적들

　현대 과학기술과 산업의 발전에 따라 인간은 자연에 존재하지 않던 인공물이나 합성물을 새롭게 만들어냈을 뿐 아니라 자신들이 원하는 대로 자연을 바꾸었다. 2020년 이스라엘 와이즈만 과학연구소의 연구에 따르면 건물, 도로, 기계, 소비재 등 인류가 지금까지 만들어 낸 모든 인공물의 총무게는 약 1조1,000억 톤에 이른다. 인공물의 전체 무게는 지구상에 존재하는 나무와 동물, 미생물 등 모든 생물의 총질량과 비슷하다.

　인공 질량의 약 90% 이상은 콘크리트를 비롯한 건축 및 토목 자재이며, 플라스틱은 약 80억 톤 정도다. 20세기 초에 인공물 무게는 약 350억 톤에 불과했으나 120년 만에 약 30배 이상 증가했다. 이 중 우리나라의 인공물이 차지하는 비중은 1.5~2.0% 수준으로 150~220억 톤에 이른다. 오늘날 인류는 매년 약 300억 톤의 인공물을 새로 만들면서 생태발자국은 넓고 깊어지고 있다.

원시시대에는 인류가 자연에 남긴 상처가 깊지 않아 시간이 지나면 자연적으로 회복되었다. 그러나 산업혁명 이후 인구가 증가하고, 사람들이 도시로 몰려들고, 더 많은 천연자원과 화석 연료를 채취해 공산품과 인공구조물을 생산하고 소비하면서 자연생태계에 회복하기 힘든 부담이 되었다. 인공물이 많아지고 토지 개발이 심해지면서 자연생태계가 스스로 극복할 수 있는 임계치를 넘어 자연 복원력마저 무너질 위기에 있다.

지구상에 건설된 도로의 전체 길이는 6,400만~7,000만㎞로 지구 둘레를 1,600번 이상 돌 수 있는 길이다. 이에 따라 지표면은 무수히 많은 조각으로 쪼개지면서 넓이 1㎢ 이하의 땅 조각이 차지하는 면적은 지표면의 절반을 차지한다. 생물들이 위협을 덜 느끼고 살 수 있는 면적 100㎢ 이상의 땅은 지표면 전체의 7%에 불과하다. 그런 땅은 생물들이 살기 어려운 북극권 툰드라, 시베리아 오지, 사막, 열대우림이 대부분이다. 지금도 거주지와 공장, 농장, 도로, 댐을 건설하기 위해 숲을 베고 불태우면서 열대우림, 타이가의 침엽수림, 온대림, 습지, 갯벌이 사라지고 있다. 인간이 개발한 땅은 산업혁명 이전에 육지 면적의 5%에 불과했지만 지금은 55%를 웃돈다.

지구생태네트워크에 따르면 인류가 지금처럼 소비하려면 지구가 1.7개 필요하다. 인류에게 먹을거리와 목재, 수자원을 제공하고 오염물질과 폐기물을 받아들이는 등 부담이 커지면서 지구는 스스로 생산하고 재생할 수 있는 생태 용량을 넘어섰다. 생태 용량은 고정적이지 않아 자원 관리 방식, 농업 생산 체계, 용수 공급, 기후 및 토양 상태에 영향을 받으므로 효율적으로 관리해야 한다. 1960년대에는 지구가 1년에 제공하는 생태 자원과 인류가 1년 동안 소비하는 양이 서로 비슷했지만, 1970년 처음 생태 용량을 초과했고 이후 상황은 갈수록 나빠지고 있다.

인류가 지금처럼 식량과 에너지, 토지 자원을 소비하고 폐기물 배출을 늘리면 지구가 감당할 수 있는 한계를 넘어선다. 지구가 감당할 수 있는 것보다 더 많은 생태 자원을 소비하면 대기오염, 기후변화, 물 부족, 토양오염, 해양과 산림생태계 파괴를 피하기 어렵다.

2019년 기후변화에 관한 정부간 협의체(IPCC)가 채택한 《토지·해양·빙권 특별보고서》에 따르면 극지방 등 얼어 있는 땅을 제외하고 인간이 집중적으로 이용하는 토지는 1% 정도다. 하지만 여기에서 배출되는 온실기체 양은 지구 전체 배출량의 77%를 차지한다. 이는 에너지 소비, 산업 활동, 토지 이용이 집중되는 도시와 주거지역에서의 인간 활동이 온실기체 발생에 얼마나 큰 영향을 미치는지 보여준다.

인간이 자연에 미치는 영향은 육상에 그치지 않고 바다에서도 이상 현상을 가져왔다. 1993년부터 해양의 온난화 속도가 2배 정도 빨라지고 있고, 바다의 수온이 비정상적으로 높아지는 이상 고수온 현상은 1982년 이후부터 정도가 심해지고 있다.

지구의 해수면이 최근 수십 년 사이 빠르게 오른 것은 그린란드나 남극의 빙상이 줄어드는 것과 관련 있다. 지구온난화에 따라 2100년에는 평균 해수면 높이가 지금보다 1.1m 정도 오를 것으로 예상된다. 해수면 높이가 지금보다 1m 높아지면 해수욕장과 항만, 산업공단, 간척지, 어촌 마을이 침수된다. 지금은 100년에 한 번 정도 기후변화로 인한 극한 현상을 겪고 있지만, 2050년쯤에는 매년 겪을 것이라는 우울한 예측도 나온다.

우리 앞에
놓인 것

왜 이산화탄소가 문제일까

  인류가 지구 환경에 큰 영향을 미친 확실한 흔적은 이산화탄소와 메탄 등 대기를 구성하는 물질의 변화다. 대기 중 이산화탄소 농도는 최근 20년 사이에 과거 간빙기의 평균보다 100배 많아졌고, 1970년 이후 지구의 평균기온 상승률은 홀로세 7,000년 동안의 평균기온 상승률보다 170배 높다. 근래에 히말라야와 캐나다 북부, 그린란드의 빙하, 툰드라지대의 영구동토층이 녹으면서 250기가톤(1기가톤은 10억 톤)의 이산화탄소와 메탄이 대기 중으로 방출되고 야생 산호 군락이 절반으로 줄어든 것도 자연이 우리에게 보내는 경고 신호다.

  지구의 온도와 대기 중 이산화탄소 농도를 조사한 결과에 따르면 1610년과 1964년은 인류세에 매우 중요한 시점이다. 1610년에 275ppm(1ppm은 100만 분의 1)이던 대기 중 이산화탄소 농도는 1900년경 300ppm을 넘어섰고, 1958년에는 313ppm을 기록했다. 약 320ppm 내외였던 1964년 이후로도 이산화탄소 농도는 꾸준히 늘어 2013년 5월에는 400ppm에 이르렀고, 2025년 6월에는 지구상에서 가장 오래전부터 대기 중 이산화탄소 농도를 측정한 미국 하와이 마우나 로아 관측소에서 430ppm을 기록했다.

과학자들은 되돌릴 수 없는 변화가 동시다발적으로 일어나는 시점에 이르고 있으며, 이를 넘기면 지구에 사는 모든 생명이 무서운 현실을 맞을 것으로 경고한다. 기온이 1~3도 오르면 열대의 산호가 줄어들고 남극과 북극, 히말라야, 알프스의 빙하가 녹는다. 3~5도 상승하면 사막화가 일어나고 북극 상공의 제트기류의 흐름이 바뀌면서 기상이변이 속출한다. 5도 이상 급상승하면 영구동토층이 녹으면서 많은 양의 메탄과 이산화탄소를 대기 중에 방출해 기후변화를 부추기는 임계 폭풍이 나타날 수 있다.

인간은 자연상태의 생물들이 지구의 기후에 미치는 것보다 170배나 큰 영향을 미쳤다. 지난 수천 년 동안 100년에 0.01도의 속도로 기후가 변화했지만, 지난 45년간 인간이 배출한 온실기체는 100년 동안 기온을 1.7도 높이는 속도로 지구온난화를 부추겼다. 산업 활동을 통해 인류세에 축적된 대기 중 이산화탄소의 무게는 지구를 1m 두께로 덮을 수 있는 양인 1조 톤으로, 전체 탄소의 3분의 1에 이른다.

초미세먼지의 공습

초미세먼지는 대기 중에 떠다니는 입자상 물질들 가운데 지름이 2.5마이크로미터 이하인 아주 작은 먼지를 일컫는다. 머리카락 굵기의 약 20분의 1에서 30분의 1에 불과할 정도로 미세해서 우리 몸의 방어 체계를 뚫고 깊숙이 침투하는 유해물질이다. 경제협력개발기구(OECD)가 발표한 국가별 연평균 초미세먼지(PM 2.5)는 인도(약 90.87mg/㎥)가 1위로 압도적으로 높고, 중국(약 52.66mg/㎥)과 튀르키예(약 44.31mg/㎥)가 뒤를 이었다. 우리나라(약 25.04mg/㎥)는 경제협력개발기구 평균보다 2배 이상 높았다. 반면에 아이슬란드(5.8~6.0mg/㎥)와 핀란드, 노르웨이(6.0~7.0mg/㎥) 등은 공기가 맑았다.

초미세먼지의 주된 배출원인 석탄 발전이 전 세계에서 차지하는 비중은 약 34% 내외다. 전력의 석탄 발전 의존도는 인도가 약 75% 이상이며 중국과 폴란드도 각각 58~60%와 약 61%에 이른다. 46%인 호주와 30~33%인 우리나라는 경제협력개발기구 평균보다 높고, 그 뒤를 독일과 미국이 잇는다. 이와 달리 프랑스는 1% 미만으로 원전 비율이 높은 대신 석탄 발전 비율이 낮고, 0%인 영국은 2024년 10월 마지막 석탄 화력발전소를 폐쇄했다.

국내 전력 생산 도매시장은 발전 단가가 낮은 발전소 순서로 돌아가는 경제급전 방식이어서 구조적으로 석탄 발전 비율이 낮아지기 어렵다. 석탄발전소를 가동해 다른 나라들보다 낮은 전기료를 누리는 동안 초미세먼지를 마셔야 하는 악순환의 구조 속에 살고 있다. 국내 주요 도시들의 연평균 초미세먼지 농도는 세계보건기구 권고치를 기준으로 인천(22.04mg/㎥)이 4.4배, 평택(21.74mg/㎥)과 시흥(21.54mg/㎥)·충주(20.94mg/㎥)·서울(19.73mg/㎥)은 3.9배, 대구(18.7mg/㎥)는 3.7배, 부산(15.43mg/㎥)은 3.1배 초과했으며, 제주(13.52mg/㎥)는 2.7배를 넘어섰다.

도시 내 기온 상승과 초미세먼지의 증가는 자동차와 발전소에서 사용하는 화석연료 사용과 개발에 따라 숲이 줄어든 것과도 관련된다. 차량 정체로 차들이 가고 서기를 반복하면서 타이어 마찰로 노면에 쌓여 있던 먼지가 계속 날려 미세먼지가 많아진다. 자동차 브레이크가 마모되어 만들어지는 미세먼지는 배기구에서 내뿜는 것보다 2배 이상 많다. 세계적으로 스포츠 유틸리티 차량(SUV)의 수요가 늘었는데, 국제에너지기구는 SUV의 수요 증가가 기존 차량을 전기차로 바꾸면서 감축한 온실기체를 대부분 상쇄한다고 경고했다. 2010년 이후 화석연료를 사용하는 SUV는 전력 발전에 이어 온실기체의 증가 요인이었고, 중공업과 화물 트럭, 항공, 해운이 뒤를 이었다.

새로운 위협, 방사성물질

방사성동위원소와 이를 함유한 물질을 아우르는 방사성물질은 자연계에도 존재하지만, 문제 되는 것은 인위적으로 방출된 것이다. 인위적인 방사능 노출은 원자폭탄처럼 군사적으로 사용하면서 의도적으로 나타나거나 원자력발전소와 산업용, 의료용, 실험용으로 운용하는 과정에 의도치 않게 방출되기도 한다.

제2차 세계대전이 끝나갈 무렵인 1945년, 미국은 일본 히로시마와 나가사키에 원자폭탄을 투하했다. 원자폭탄이 폭발한 뒤 초기 2~4개월 동안 히로시마에서는 9만~16만 6,000명, 나가사키에서는 6만~8만 명이 사망했다. 원자폭탄이 투하된 직후에는 열파 효과와 폭풍효과에 따른 희생이 많았으며, 이후 잔류한 방사능은 오랫동안 피해를 미쳤다. 이 때문에 자연계에 존재하지 않았던 방사성물질로 인한 심각한 부작용이 발생한 직후인 1950년대를 인류세의 시작으로 보기도 한다.

예기치 않게 방사성물질이 누출되어 전 세계가 두려움에 떨기도 했다. 세계 3대 원자력발전소 사고로 알려진 1979년의 미국 스리마일 원전 사고, 1986년 구소련 체르노빌 원전 사고, 2011년 일본 후쿠시마 원전 사고가 대표적이다. 원자력 관련 시설에서 누출되는 세슘과 요오드, 제논 등 방사성물질로 인한 피해는 에너지 문제와 함께 인류가 해결해야 할 가장 뜨거운 환경 현안 중 하나다. 최근에는 많은 전력이 필요한 AI데이터센터와 반도체 공장이 크게 늘면서, 신재생에너지 수급 체계를 마련하지 않은 채 화력발전소를 재가동하거나 원자력발전소를 추가로 건설하는 문제로 논란이 거세다.

숨통을 조이는 미세플라스틱

플라스틱은 간단한 유기 화합물들을 결합해 만든 고분자 화합물로, 열이나 압력을 가해 어떤 형태든 만들 수 있는 인공 재료 또는 이 재료를 사용해 만든 물건을 일컫는다. 플라스틱은 우수한 가공성과 물성, 낮은 비중, 저렴한 가격으로 사용이 급증했다. 하지만 자연계에서 쉽게 분해되지 않아 육지와 바다 등 지구 생태계에 심각한 골칫거리다.

현재 전 세계적으로 연간 약 4억6,000만 톤의 플라스틱 폐기물이 배출되고 있다. 1950년대 이후 인류가 생산한 플라스틱 총량은 약 90억 톤을 넘어섰으며, 이 중 절반 이상이 2000년 이후에 생산되었다. 경제협력개발기구는 현재의 소비 추세가 2060년까지 이어진다면 플라스틱 생산량은 지금의 3배 수준으로 증가할 것으로 내다본다.

전 세계 플라스틱 폐기물들 중 재활용되는 비율은 9% 미만에 불과하고 나머지의 40% 이상은 매립되거나 소각하고 일부는 자연계에 그대로 버려진다. 매년 약 1,900만~2,300만 톤의 플라스틱이 강과 바다로 흘러 들어가 해양 생태계를 위협하고 있다. 버려진 고분자 폐기물이 분해되면서 발생하는 미세플라스틱은 전세계 모든 해양의 표면은 물론 심해와 먹이사슬에 퍼져 있다. 세계자연기금이 발표한 보고서 《플라스틱의 인체 섭취 평가 연구》에 따르면 한 사람이 일주일 동안 섭취하는 미세플라스틱 양은 약 2,000여 개로, 신용카드 한 장 무게와 맞먹는 5g 정도다. 우리는 매달 칫솔 한 개 무게인 21g, 연간으로 계산하면 250g을 넘는 양의 플라스틱을 먹는다.

2000년 이후 생산된 플라스틱의 양이 2000년 이전에 생산된 전체 양과 같으며, 이 가운데 3분의 1이 자연에 버려진다. 국제적인 골칫거리가 된 바다 위 플라스틱 쓰레기 더미로는 미국 하와이 북동쪽으로 1,600㎞ 떨어진 태평양 거대 쓰레기 지대(GPGP), 일본과 하와이 사이의 태평양을 떠다니는 거대한 쓰레기섬이 있다. 이 쓰레기 더미들은 지금까지 인류가 만든 인공물 중 가장 큰 규모로, 우리나라 면적의 약 14배 정도이고 무게는 8만 톤에 이른다. 2030년이면 1억 톤 이상의 플라스틱이 자연에 유출된다. 세계적으로 매년 3억3,000만 톤 이상의 플라스틱이 생산되며, 이 규모는 2050년쯤에 약 3배로 늘어날 것으로 예상된다.

현재 연간 800만 톤 이상의 플라스틱 폐기물이 바다에 버려진다. 270종 이상의 야생동물들이 플라스틱 폐기물로 인한 피해를 보고 있고, 240종 이상의 야생동물들이 플라스틱을 섭취했다. 해양 플라스틱 오염은 1980년 이후 10배 증가해, 바다거북의 86%, 바닷새의 44%, 해양 포유류의 43%를 포함해 적어도 270여종의 바다 동물들의 삶에 영향을 미쳤다는 보고는 충격적이다. 플라스틱은 바다에 사는 생물들만의 문제가 아니다. 그들은 어패류 소비라는 먹이사슬과 먹이망을 통해 인간과 직접 연결되어 있다.

1986년 9월 미국 클리블랜드에서는 150만 개의 풍선 날리기 이벤트를 했다가 풍선들이 선박 프로펠러에 엉키는 사고가 발생해 2명이 사망하고 조류를 비롯한 야생동물들이 터진 풍선을 삼켜 폐사하는 피해가 발생했다. 이후 풍선 날리기에 대한 인식이 바뀌어, 네덜란드의 여러 도시에서는 2015년부터 파티, 체육대회, 기념식 등의 행사 때 풍선을 하늘로 띄우는 행위를 법으로 금지했다.

플라스틱을 천연 소재와 결합해 친환경적으로 분해될 수 있는 바이오 플라스틱을 비롯한 신소재 기술이 대안으로 주목받고 있다. 생분해성 옥수수계 플라스틱(PLA)은 땅에 묻으면 완전히 분해되고 유해 성분이 남지 않아 일부 대기업에서 이미 사용 중이다. 바이오 플라스틱은 식물을 구성하는 주요 성분인 셀룰로스와 곤충, 버섯, 게와 가재 등 갑각류의 껍질에서 얻는 키토산 전구체인 키틴을 섞어 만들며, 매년 약 100억~1,000억 톤가량을 자연에서 생산할 수 있다.

2019년 12월, 국내 연구진이 플라스틱의 대명사인 페트병을 의약품 원료로 재탄생시킬 수 있는 기술을 개발했다. 페트병의 주성분을 화학적으로 분해하고 생물학적으로 전환해 의약품과 플라스틱 원료 등 유용한 소재로 전환할 수 있는 원천 기술을 개발한 것이다. 경기도 성남시는 시민들이 분리 배출한 라면 봉지 등 폐비닐을 수거해 선별, 용융, 분쇄, 사출 등의 공정을 거쳐 빗물 침투형 가로수 보호판을 만들어 보급했다.

현재 인류가 매년 생산하는 플라스틱은 연간 4억3,000만 톤에 이른다. 플라스틱이 자연계로 유입된 뒤 분해되어 미세플라스틱으로 작아지면 제거하는 것은 매우 어려우므로 자연에 침투하지 못하도록 막아야 한다. 강과 바다로 흘러간 미세플라스틱을 물고기, 갑각류, 조류, 포유류 등 해양 동물들이 먹이로 착각하고 먹는다. 미세플라스틱을 줄이는 것은 전 세계적으로 협력과 노력이 필요한 문제다.

매년 증가하는 육류 섭취

야생의 생물종이 줄거나 멸종하는 대신 가축의 숫자가 많아지는 것은 인류세를 구분하는 또 다른 기준의 하나다. 지구에 서식하는 척추동물의 무게는 인간이 사육하는 소와 닭, 돼지 등 가축이 67%를 차지하고, 인간 30%, 야생동물은 3%에 불과하다. 약 650억 마리의 닭들 가운데 대부분이 A4 한 장 정도에서 사육된 뒤 짧은 생을 마감한다.

인류가 육식을 시작한 역사는 오래되었다. 아프리카 에티오피아에서 발견된 날카로운 석기 등을 미루어 340만~260만 년 전부터 고대 인류가 고기를 먹었다고 본다. 그러나 인류가 육식을 널리 하게 된 시기는 지금으로부터 150만 년 이전으로 본다.

200만 년 전에 등장한 호모 에렉투스와 호모 에르가스터의 머리와 몸집이 이전의 오스트랄로피테쿠스에 비해 상당히 큰 것은 초기 인류가 많은 양의 고기를 먹으면서 진화한 결과로 본다. 오스트랄로피테쿠스의 평균 두뇌 용량이 450cc 내외였다면, 도구를 사용한 호모 하빌리스는 600cc 정도, 곧게 서서 걸어 다닌 호모 에렉투스는 900cc 내외, 지혜로운 사람이라는 뜻을 가진 호모 사피엔스는 1,450cc 정도로 두뇌 용량이 커졌다. 오늘날 아프리카 중부에 분포하며 영장목 유인원 가운데 가장 큰 고릴라의 두뇌 용량은 500cc 정도다.

35만~28만 년 전 아프리카 북부 모로코 지역에 살았던 호모 사피엔스의 머리뼈와 치아 화석이 발견된 곳 부근에서 가젤, 얼룩말, 들소 등 동물의 뼈가 함께 나왔다. 이것은 인류가 육식하면서 진화하고 번성했음을 증명한다. 인류는 육식하면서 에너지를 확보하고, 젖을 먹이는 기간이 줄며, 출산하는 터울이 짧아지고, 많은 도구를 사용하고, 언어가 발전하는 등 여러 과정을 거쳐 진화했다. 인류는 육식하면서 형질적 또는 문화적으로 진화하고 인구수가 증가했으나 그로 인해 지금은 인류의 지속 가능한 삶이 위협받고 있다. 늘어나는 고기 수요를 맞추기 위해 사육하는 가축이 늘어나면서 산림 파괴와 기후변화, 수질 및 공기 오염, 물 부족, 지하수 오염은 물론 경작지 황폐화, 곡물 부족, 광견병과 탄저병, 브루셀라증 등 인수공통전염병까지 나타나고 있다.

유엔식량농업기구는 축산 부문에서 배출하는 온실기체 양을 지구 전체 온실기체 배출량의 14.5%로 추정한다. 지금처럼 육류 소비가 늘어나면 가축을 사육하고 사료작물을 재배하는 데 필요한 경작지가 2009년보다 42% 확대되면서 35년 안에 열대우림의 10%가 추가로 사라진다. 아울러 가축 사육과 산림 개간으로 온실기체는 2050년까지 80% 늘어날 것으로 예측된다.

매년 700억 마리 정도의 동물이 도축되어 고기로 공급되고 있으며, 고기 생산과 소비량은 해마다 빠르게 늘고 있다. 유엔식량농업기구에 따르면 1961년 7,136만 톤이던 전 세계 육류 생산량은 2013년 약 3억7,000만~4억8,400만 톤으로 늘었다. 고기 소비량은 선진국뿐만 아니라 개발도상국에서도 증가했다.

우리나라의 1인당 연간 고기 소비량은 1960년대 3.5kg, 1980년대 11.34kg, 2000년대 초 32kg, 2020년 53.7kg으로 꾸준히 증가했다. 2024년에는 1인당 연간 고기 소비량이 60.6~60.7kg으로, 고기별로는 돼지고기가 30kg, 닭고기 15.2kg, 소고기 14.9kg 순이었다. 육류 소비가 급증하면서 2016년부터 우리나라 국민들이 4개월 동안 먹을 수 있는 쌀 100만 톤을 동물 사료로 썼다. 20명이 먹을 수 있는 곡물을 사료로 소고기를 생산하면 1인분밖에 되지 않을 정도로 육류는 효율이 낮고 생산, 운반, 소비 과정에서 환경에 미치는 부담인 생태발자국 역시 무겁다.

봄은 오지 않을
것이다

1962년 해양생물학자 레이첼 카슨이 쓴 《침묵의 봄》은 지구 환경 보전에 새로운 패러다임을 제시했으며, 미국 정부에 환경보호청이 만들어지는 기반이 되었다. 1971년에는 이란 람사르에서 물새 서식지로서 국제적으로 중요한 습지의 보전에 관한 다자간 협약인 람사르협약을 체결했으며, 1972년 스웨덴 스톡홀름에서 유엔인간환경회의를 개최해 인간과 환경에 관한 스톡홀름선언을 채택했다.

1992년 브라질 리우데자이네로에서 지구 환경을 지키기 위해 보다 구체적으로 논의한 지구정상회의가 열렸다. 각국의 대표들은 이 회의에서 지구 환경을 지키기 위해 생물다양성협약, 기후변화협약과 사막화방지협약 등 국제협약에 동의했다. 이 중 생물다양성협약은 생물다양성의 보전과 지속 가능한 이용, 생물

유전자원 이용으로부터 발생하는 이익의 공평한 공유를 목표로 한다. 생물다양성의 이용과 그 이익을 효과적이고 공평하게 나누려면 생물종과 생태계를 보호하고 보전해야 한다.

최근 우리나라 국민 환경 의식조사 결과 환경 보전을 위해 70% 이상의 국민들이 다소 불편하더라도 친환경적인 행동을 하겠다고 응답했다. 일상생활에서 실천하는 친환경적 행동으로는 에너지 효율 등급이 높은 제품 선택이 가장 높았고, 마트나 시장을 방문할 때 일회용 비닐봉지 대신 장바구니 사용, 일회용 컵 대신 텀블러 이용이 뒤를 이었다. 환경 전반에 대한 만족도는 이전 조사 때보다 낮아졌다. 자연경관에 대한 만족도가 높아진 데 반해 대기질에 대한 만족도는 매우 낮았다. 기후변화라면 떠오르는 이미지로는 이상 기후로 인한 피해가 가장 높았고 평균기온과 해수면 상승도 중요한 문제로 여겨졌다. 기후변화가 개인에게 미치는 영향에 대해서는 64%가 심각하다고 보았고 89%의 응답자들이 사회 전반적으로 중요한 이슈라고 답변했다.

인류세의 환경 위기는 하나의 원인이 하나의 결과로만 이어지는 것이 아니라 거미줄처럼 서로 얽혀 복잡하다. 인류가 직면한 기후변화, 생태계 파괴, 자원과 에너지 문제 등 인류세의 현안을 해결하려면 자연과학뿐만 아니라 공학, 인문학, 사회과학, 신학, 예술을 비롯해 여러 학문 사이에 울타리를 허물고 학제간 협력이 필요하다. 그리고 우리 자신이 기후변화를 방지하고 자연생태계를 보전하며 다른 생명체들과 조화롭고 균형을 이루며 사는 길에 나서야 한다.

우리 앞에 놓인 기후변화와 환경오염, 생물다양성의 멸종을 해결할 수 있는 명쾌한 해답을 찾기 쉽지 않고 누군가가 나를 대신해서 문제를 해결해줄 수도 없다. 지구의 땅, 공기, 물, 생물, 흙도 사람과 마찬가지로 자연의 권리를 갖는다는 사실을 인정해야 하며, 우리로부터 어떤 환경과 생태계 문제가 발생했는지 스스로 돌아보고 책임감을 느껴야 한다. 함께 해결책을 찾아 나서고, 우리가 먼저 실천할 때 비로소 우리는 우리가 사는 푸른 별 지구를 지키고 지구와 공생할 수 있다.

지금 우리가 직면한 문제를 과학적 안목으로 바라보고 다른 사람이 아닌 내 삶의 문제로 인식할 때 비로소 우리가 찾는 길도 보인다. 지구는 우리에게 묻는다. 지금 우리가 사는 이 땅과 바다, 하늘은 안전한지. 그렇지 않다면 안전한 지구를 위해 무엇을 하는지.

그들이
떠난
자리

누구의
잘못인가

원인은 자연이 아니다

 기온과 강수, 바람처럼 짧은 동안의 대기 상태인 기상과 달리 기후는 어떤 지역에서 반복되는 평균적인 기상 현상으로, 오랜 기간 관측한 날씨의 평균값이다. 사람으로 치면 기상이 그날의 기분이라면 기후는 성격이라 할 수 있으며, 하루 일을 기록한 일기가 기상이라면, 기후는 일생을 기록한 전기와 같다.

 단기간에 큰 피해를 주는 폭우와 폭염, 혹한 등 평소의 기상을 크게 벗어난 이상기상을 기상이변이라고 하며, 월평균기온과 월강수량이 30년에 한 차례 정도 일어나는 비정상적인 기상 상황을 이상기상이라고 부른다. 기후변동은 긴 시간 동안의 평균값에서 약간의 변화를 보이지만 평균값을 크게 벗어나지 않는 자연적인 기후의 움직임이다. 그런데 자연적 기후변동 범위를 벗어나 다시는 평균적인 상태로 돌아오기 힘든 변화가 기후변화로, 30년 또는 그 이상의 기후가 갖는 평균보다 크게 오르거나 내려가는 것을 말한다.

기후변화는 자연적 요인과 인위적 요인이 뒤섞여 나타난다. 자연적 요인에는 태양 활동, 태양과 지구의 천문학적 변화, 외계로부터 날아든 행성과의 충돌 등과 같은 지구 밖으로부터의 힘에 의한 외부적 요인과 함께 화산 분출에 따른 에어로졸 증가와 산불 등의 지구 내부적인 요인도 있다. 인위적 요인으로는 산업혁명 이후 화석연료 소비와 산업 활동의 부산물인 이산화탄소, 염화불화탄소, 메탄을 포함한 온실기체의 발생원 증가가 큰 몫을 차지한다. 아울러 삼림 벌채에 따른 이산화탄소 흡수원의 감소도 인간에 의한 기후변화의 한 원인이다. 국제사회는 현재의 기후변화가 자연적인 원인으로 발생하는 것이 아니라 인간이 문제를 일으키고 그 속도와 정도를 부추긴다는 점에 동의한다. 더구나 기후 위기는 몇몇 지역이나 몇 나라의 문제가 아니라 전 인류가 고민하고 대책을 세워야 숙제가 되었다.

더 빠르고 가파르게

산업혁명 이전인 18세기 중반의 대기 중 이산화탄소 농도는

270ppm 정도였으나 산업화와 도시화, 삼림을 파괴함에 따라 대기 중 온실기체 양이 많이 늘어나 지구온난화가 가파르게 진행되고 있다.

2015년, 미국 국립해양대기청은 이산화탄소의 지구 평균 농도가 400ppm을 처음 넘어서면서 사상 최고치를 기록했다고 발표했다. 이산화탄소 농도가 400ppm을 넘어선 것은 온실기체 측정이 시작된 이래 처음이며, 이 수치는 지난 200만 년 안에 찾아볼 수 없다고 지적했다. 이산화탄소 농도 400ppm은 2012년 북극에서 처음 초과했고, 이듬해 산업화 지역에서 가장 멀리 떨어진 태평양의 하와이 마우나 로아 지역에서도 넘어섰다. 우리나라에서도 2012년에 대기 중 이산화탄소 농도가 400ppm을 넘었다.

인류는 산업혁명과 함께 많은 화석연료를 사용하면서 대기 중 이산화탄소 농도를 35%나 높였는데, 이는 지난 40만 년 동안 가장 높은 수준이다. 이산화탄소는 산업화 이래 120ppm 늘었으며, 이 가운데 절반이 1980년대 이후에 증가했다. 과학자들은 이산화탄소 농도가 400ppm을 넘으면 위험 수준으로 평가하며, 450ppm 이상이 되면 생태계와 사회 및 경제에 매우 큰 피해를 미칠 것으로 우려하고 있다.

이산화탄소 농도가 높은 것에 못지않은 이산화탄소 농도의 기록적인 증가세 역시 주목해야 한다. 오늘날의 이산화탄소 증가 추이는 자연계에서 나타나는 증가세보다 100배 이상 더 빠르다. 인류가 지구에 출현하기 이전에 이산화탄소 농도가 80ppm 증가하기까지 6,000년 정도가 걸렸다. 그런데 많은 양의 석탄과 석유 등 화석연료를 태우면서 대기 중 이산화탄소 농도는 급속히 증가했고, 2016년에는 1980년보다 18% 증가해 35년 만에 61ppm이 높아졌다.

우리나라의 연평균기온은 1912~1970년까지 0.5도 올랐으나 산업화와 도시화, 인구의 도시 집중 현상이 심해진 1971~2005년까지 35년 동안에는 1도 상승했다. 1970년에는 약 12.6도이던 연평균기온은 2019년 13.5도를 기록했다. 특히 연평균기온이 가장 높았던 10개 연도 가운데 7개 연도가 2000년 이후로 집중되어 한반도가 급속히 뜨거워지고 있음을 증명한다. 2010년대 평균기온 13.9도보다 2020년대 전반기인 2020~2024년 평균기온은 14.8도까지 치솟으며 단기간에 급격하게 상승했다. 이런 추세가 계속되면 50년 뒤에는 강원도를 제외한 전국이 아열대기후대로 바뀌고 여름 일수도 160일 이상에 이르는 등 1년의 절반 정도가 여름이 될 것이다.

미국 캘리포니아와 호주에 몇 년째 계속되는 가뭄처럼 우리나라에서도 고온 건조한 날씨와 가뭄 피해가 심해지면서 동해안과 영남지방을 중심으로 산불이 자주 발생하고 이에 따라 인명과 재산 피해가 늘고 있다. 동시에 겨울에 내리는 눈의 양이 적어지고 여름에 일시적으로 폭우가 내리는 등 강수의 계절적 편중 현상으로 가뭄과 홍수가 심하게 교차하고 사회적 비용도 커지고 있다.

지구가 1도 뜨거워지는 동안

기후와 환경 전문가들은 앞으로 기온 상승폭을 0.5도 이내로 줄이지 않으면 지구온난화로 인해 바다와 영구동토층에 갇혀 있는 이산화탄소와 메탄이 대기로 배출되면서 지구의 기후시스템이 무너질 수 있다고 우려한다. 산업화 이전보다 기온이 1.5도 이상 오르지 않게 하려면 온실기체 배출량을 2030년까지 2010년 수준보다 45% 줄여야 하고, 2050년에는 온실기체 배출량이 증가하지 않아야 한다.

2015년 프랑스 파리에서 열린 제21차 유엔기후변화협약 당사국총회에서 파리협정이 채택되어 2016년부터 발효되었다. 이 협정은 지구 평균기온을 산업화 이전보다 2도 이상 오르지 않게 하고 장기적으로 1.5도 이하로 제한하도록 노력할 것을 강조했다. 다만 이어진 회의에서 탄소배출권 거래제 도입을 위한 시장 규칙 확립, 기후변화로 개발도상국들이 입은 피해를 보상하는 방안을 논의했으나 큰 성과를 내지 못했다.

중국·미국·사우디아라비아·호주·브라질을 비롯한 탄소 배출량이 많은 나라, 화석연료의 주요 생산국, 탄소 흡수원인 넓은 밀림 보유국 등이 소극적인 태도를 보이면서 성과는 더디다. 특히 산업화 과정에서 이산화탄소를 많은 배출했던 미국, 중국, 유럽연합, 러시아 등 주요국의 배출량이 75%를 차지하지만, 이들 나라는 자신들이 정한 감축 목표에는 미달했다. 특히 파리협정 탈

퇴를 공식 선언한 미국은 개발도상국에 대한 지원금 조성에 미온적이다.

연간 이산화탄소 배출량 순위 1위와 3위인 중국과 인도는 현재 감축 목표를 바꿀 필요가 없다고 주장한다. 이들 나라는 자신보다는 산업혁명 이후 탄소를 많이 배출한 서방 국가들이 피해를 보상할 역사적 책임이 있다고 주장한다. 이러는 동안 지구는 증가한 온실기체로 온난해지고 이에 따른 홍수, 가뭄, 폭염, 한파, 산불 등 이상기상과 자연재해를 반복하고 있다.

기후 악당이라는 오명

세계기상기구와 유엔환경계획이 기후변화 문제에 대처하기 위해 1988년 공동으로 설립한 IPCC(기후변화에 관한 정부간 협의체)는 국제기구로 회원국은 우리나라를 포함해 195개국이다. 그러나 IPCC 회원국임에도 불구하고 환경단체나 국제사회에서 우리나라는 기후 악당 국가로 불린다. 단순히 탄소 배출량이 많아서 뿐만 아니라 경제 규모와 기술 수준은 높은 데 비해 기후 위기 대응 의지와 속도가 부족하기 때문이다.

우리나라는 탄소 배출량에서 중국, 미국, 인도, 러시아, 일본 등에 이어 배출이 많은 10개국 안에 속한다. 이보다 심각하게 지적받는 지표는 인구 1명당 탄소 배출량으로, 2025년 추산 연간 약

11.3톤에 이른다. 이 수치는 세계 17위권이자 경제협력개발기구 국가들 중에는 최상위권에 속한다. 이는 G20 평균의 약 1.7배에 이르며 약 9톤의 중국이나 8톤에 이르는 일본보다 높다.

《기후변화 대응지수 2026 보고서》는 탄소 배출량뿐만 아니라 재생에너지 비중, 에너지 소비, 기후 정책 등을 종합적으로 평가한다. 이 중 우리나라는 조사 대상 67개국 중 63위로 기후변화와 관련된 여러 지표에서 '매우 미흡'으로 꼴찌를 면하지 못하고 있다. 우리나라보다 순위가 낮은 국가는 러시아, 미국, 아랍에미리트, 사우디아라비아 등 주요 산유국이나 전쟁 중인 국가뿐이다.

우리나라의 강력한 경쟁 상대인 중국은 수소를 만들 때 재생에너지만 이용해 이산화탄소 발생량이 0인 그린 수소에 집중하고 있다. 그린 수소를 과거에 세계 경제의 핵심이었던 석유를 대체할 새로운 동력으로 정의하고, 에너지 패권을 화석연료에서 녹색 에너지로 전환하려 한다. 기체 상태인 수소는 부피가 크고 밀도가 낮아 대량 운송이 까다롭다. 하지만 이를 암모니아로 변환하면 상온에서도 쉽게 액체 상태로 저장하거나 이송할 수 있어 운송 효율을 극대화할 수 있다. 암모니아 5.6~7kg에서는 에너지원인 수소 1kg을 얻을 수 있어 수소는 단순한 친환경 연료를 넘어 석유 의존도를 낮출 유일한 대안으로 급부상하고 있다.

우리나라가 국제사회에서 기후 악당 국가로 낮은 평가를 받는 이유 중 하나로 경제 규모에 대비해 높은 온실기체 배출량, 화석연료에 대한 높은 의존율이 지적되었다. 이에 더해 전력 생산에서의 높은 석탄 비중 의존도, 국내외 석탄발전소 건설에 투자한 사실, 석탄 화력발전소의 더딘 폐지 속도, 천연가스 발전을 대안으로 삼는 비중이 너무 높다. 또한 태양광과 풍력 등 재생에너지 비율이 경제협력개발기구 국가들보다 낮고 확대 속도가 세계적인 추세보다 너무 느리며, 탄소 시장의 한계로 국내 탄소배출권거래제(K-ETS) 배출권 가격이 낮아 기업이 감축에 나설 유인책 부족 등 정책적 지원 불투명 등이 제기되었다. 아울러 기후 대응 정책 부족, 수출 중심의 제조업 국가로 철강·반도체·조선 등 에너지 다소비 산업 중심의 산업 구조 한계 등이 거론된다.

최근 기후 현안을 보는 우리 사회의 분위기는 달라지고 있다. 2024년 8월 29일, 대한민국 헌법재판소는 '기후 소송'으로 불린 온실기체 감축 목표에 관한 헌법소원에서 역사적인 헌법불합치 판결을 내렸다. 탄소중립기본법 제8조 제1항에 대한 위헌 조항으로 "2030년까지의 감축 목표는 있지만, 2031년부터 2049년까지의 감축 목표를 설정하지 않은 것은 헌법에 어긋난다"라고 판결했다. 즉 감축 목표를 설정하지 않은 것은 미래 세대에게 기후 변화로 인한 과도한 부담을 떠넘기는 행위이며, 국민의 환경권을 보호해야 할 국가의 의무를 다하지 않아 과소보호금지 원칙을 위반했다고 판결 이유를 밝혔다.

헌법재판소 판결 이후 정부는 2050 탄소 중립 달성을 위해 2035년까지 저탄소와 탄소 중립을 위한 감축 로드맵을 수립했다. 재계의 위기감도 커져, 기업이 사용하는 전력의 100%를 태양광이나 풍력 등 재생에너지로 전환하는 RE100과 탄소국경조정제도 등 글로벌 무역 장벽에 대응하기 위해 재생에너지 확보 등 기후변화 대처에 분주하다.

전쟁과 에너지 비상

2022년 러시아의 우크라이나 침공에 이어 2026년 미국과 이스라엘의 이란 침공에 따른 중동전쟁의 영향으로 에너지 수급 불안이 이어지자 뒤늦게 우리 정부가 재생에너지 중심의 '에너지 대전환'을 본격적으로 추진하겠다고 밝혔다.

우리나라 인구는 전 세계 인구의 0.6%인 데 반해 에너지 소비량은 2%를 차지한다. 즉 우리는 전 세계 평균보다 3배 더 많은 에너지를 쓰고 있으며 국토 면적 대비 에너지 사용량도 세계 최고 수준이다.

우리나라에서 사용하는 1차 에너지의 80%가 화석연료이며, 이 가운데 93%가 해외에서 수입된다. 연간 약 240조 원이 에너지를 해외로부터 수입하지만, 전기 수요는 폭발적으로 늘고 있어 재생에너지 중심으로 전력 수급을 바꿔야 하는 실정이다. 정부는 이산화탄소 배출이 많고 대기오염원으로 지목된 석탄발전소 60기는 2040년까지 예정대로 폐쇄한다는 방침이다. 2040년 이후에도 수명이 남는 석탄발전소 21기는 에너지 안보 차원의 비상

전원으로 유지하되 비중은 최소화하겠다고 했다.

가스 사용량이 많은 열에너지 분야에서도 재생에너지 전환을 확대한다. 도시가스가 보급되지 않은 지역에는 전기를 사용해 한 곳의 열을 다른 곳으로 이동시키는 냉난방 시스템인 히트펌프를 우선 공급하고, 지역난방도 차례로 재생에너지를 기반으로 하는 난방으로 교체한다는 계획이다.

기후에너지환경부는 2030년까지 재생에너지 100GW(기가와트) 보급 목표를 조기 달성하고 재생에너지가 전체 에너지에서 차지하는 비중도 현재 10% 안팎에서 20% 이상으로 끌어올리겠다고 발표했다. 1GW는 약 100만 가구가 쓸 수 있는 전력량이다. 에너지 전환 정책은 단기간 확대가 가능한 태양광을 중심으로 추진하는데, 산업단지 지붕형·영농형·수상형 태양광 등을 통해 유휴부지를 활용한 재생에너지 발전량을 늘리겠다는 목표다. 공공기관을 대상으로는 RE100도 본격적으로 시행한다. 풍력발전은 계획 입지 도입과 인허가 절차 일괄 처리 등을 통해 사업 기간을 단축한다는 방침이다.

에너지 전환에 맞춰 전기요금 체계도 전면 개편한다. 송전 비용과 지역별 에너지 자립도를 반영한 요금제 도입을 추진한다. 전력 수급 상황에 따라 시간대별로 요금을 차등 적용하는 방안도 단계적으로 시행한다. 태양광 셀과 모듈, 풍력 터빈, 배터리 에너지저장장치 등 재생에너지로의 전환에 필요한 녹색산업을 육성하기 위해 기술 개발과 세제 지원도 확대할 계획이다.

정부는 2030년까지 신차의 40%를 전기·수소차로 채운다는 목표도 조기에 달성하겠다고 했다. 경찰차, LPG 택시, 렌터카, 법인차 등부터 전기차로 전환한다는 것이다. 보통 전체 에너지 사용량의 30%를 전기로 충당하면 전기국가로 부른다. 중국은 2025년 전기가 에너지 소비의 30%를 넘는 첫 전기국가가 된 데 비해 유럽·미국과 우리나라는 전기화 비율이 20%대 초반에 머물러 있다.

국제에너지기구는 2022년 러시아·우크라이나전쟁 이후 유럽연합이 신규 태양광과 풍력설비를 확충해 약 1,000억 유로(174조 2,740억 원)를 절감한 것으로 추산했다. 미국 에너지경제금융분석연구소는 한국·일본·필리핀 등 화석연료 수입 의존도가 높은 아시아 국가는 러시아·우크라이나전쟁, 중동전쟁이 일어난 뒤 통화가치가 크게 하락했다고 분석했다.

우리나라는 전기 생산과 소비 부문에서 먼저 화석연료의 발전 비율을 낮추고 과소비되는 전력을 줄여야 한다. 우리 경쟁 상대 국들은 발전 원가를 반영해 수익자부담 원칙에 따라 전기요금을 부과하는 정책을 통해 전력 수요를 조절한다. 그러나 우리나라는 전기요금이 오르는 것을 달가워하지 않는 국민 정서를 의식해 낮은 전력 요금 체계를 유지하기 때문에 미래 세대가 부담할 전력 발전에 따른 부채가 눈덩이처럼 불어나고 있다.

더 뜨거워지는
지구

뜨거워지는 대기

　1920~2020년대까지 지난 100년 동안 지구의 기후는 에너지 균형이 깨지면서 인류 역사상 유례없는 속도로 변화했다. 1880년 기상관측을 시작한 이래 지구 평균기온은 약 1.2~1.4도 상승했는데, 이 중 대부분의 상승이 지난 50년 사이에 집중되었다. 1980년대 이후 10년마다 평균기온이 상승하는 속도는 그 이전 시기보다 3배 이상 빨라졌다. 2015~2024년까지의 10년은 역사상 가장 더운 10년으로 기록되었으며, 특히 2024년은 산업화 이전 대비 1.5도 한계선에 도달한 첫해였다.

　지난 100년 동안 전 세계 평균 해수면은 약 20㎝ 이상 상승했다. 최근에는 빙하가 녹는 속도가 빨라지면서 상승 속도가 20세기 초반보다 2.5배 빨라졌다. 바다 온도가 높아지면서 산호가 죽고 태풍과 허리케인의 강도는 훨씬 강력해졌다. 북극해 얼음 면적은 10년마다 약 13%씩 감소하고 있으며, 2030~2040년대에는 여름철 북극에서 얼음을 볼 수 없을 것이라는 예측도 있다.

기후변화의 근본 원인 중 하나인 대기 중 온실기체 농도는 지난 100년간 폭발적으로 증가했다. 산업화 이전 약 270ppm이었던 이산화탄소 농도는 최근에 430ppm을 넘어섰다. 이산화탄소보다 온난화 효과가 수십 배 강력한 메탄 농도 역시 가파르게 상승하며 기후 피드백 효과를 가파르게 높이고 있다.

우리나라는 2000년대 경제협력개발기구 회원 국가들 가운데 온실기체 배출량의 증가율이 가장 높았다. 1990년 약 3억 톤이었던 탄소 배출량이 2010년 7억 톤 가까이 늘어나며 20년 만에 배출량이 2배 이상 늘었다. 이산화탄소 배출량은 2000년대에는 매년 약 3~4%씩 상승했으나 2020년대에 들어서는 매년 약 2~4%씩 하락하는 추세다.

1960년 이후 우리나라의 누적 이산화탄소 배출량은 전 세계 국가별 배출량 가운데 1.3%로 전 세계에서 16위를 기록했다. 그러나 2023~2024년 기준 우리나라의 연간 1인당 이산화탄소 배출량은 세계 17위권으로 주요국 가운데 상위권이다. 세계 평균은 약 4.7~4.8톤으로 우리나라의 절반 이하 수준이다. 우리나라의 1인당 이산화탄소 배출량은 2018년 정점을 찍은 이후 2020년대에는 완만한 감소세이지만 여전히 영국과 일본 등 주요 선진국들에 비해 높은 수준이다.

2024~2025년 잠정 통계에 따르면 우리나라의 총 온실기체 배출량은 약 6억 9,158만 톤으로 이 중 약 87%가 에너지를 연소시키는 과정에서 발생한다. 에너지 부문별 온실기체 발생은 철강, 석유화학, 시멘트 등 산업 41%, 전력 발전 32%, 수송 14%, 건물 및 가정 7% 순이다. 비에너지 부문에서는 연료 연소 외에 제품을 만들 때 일어나는 화학 반응, 벼 재배 과정에 생기는 메탄, 트림과 배설물 처리 등 가축의 사육 등 생물학적 과정, 쓰레기 매립 및 소각 과정에서 약 13%의 온실기체가 발생한다.

IPCC(기후변화에 관한 정부간 협의체)는 노력에 따라 달라질 수 있지만 21세기 말 지구 기온은 0.3~4.8도 정도 상승할 것으로 본다. 우리나라는 온실기체 배출 규제에 따라 21세기 후반인 2071~2100년에는 1971~2000년보다 1.0~5.9도 상승할 것으로 예측한다. 폭염 일수는 현재의 9일에서 19~21일로 증가하고, 주변 해수면 온도는 2.0~4.5도 상승하고, 찜통의 무더위가 3주 정도까지 길어지며, 육지와 바다 온도가 상승하면서 뭍과 물에서 피해가 늘어날 것이다.

지구 시스템에서 기후는 땅, 대기, 바다, 생태계, 토지 이용, 에너지, 식량, 산업, 인간 활동 사이에 영향을 주고받는 되먹임으로 복잡하게 서로 연결되어 있다. 탄소 순환이 미래의 기후를 전망하는 데 가장 큰 불확실성의 원인이라는 점은 분명하다.

교란을 알리는 경고음

매년 8월이 되면 폭염과 관련된 기상 용어를 자주 접한다. 폭염은 심한 더위로 폭서라고도 하며 불볕더위와 같은 뜻이다. 기상청에서는 여름에 일 최고기온이 이틀 이상 33도가 넘으면 폭염주의보를 내린다. 폭염경보는 폭염주의보보다 더워져 낮 최고기온 35도 이상이 이틀 넘게 이어질 것으로 예상할 때 발령한다. 폭염은 북태평양고기압의 영향으로 고온다습한 공기가 한반도에 계속 유입되면서 발생하는 자연현상이다. 여기에 기후변화에 따른 지구온난화가 기승을 부리면서 폭염의 발생 주기와 강도가 커진다는 의견도 있다.

폭염의 또 다른 형태인 열대야는 어떤 지점에서의 기온이 낮에는 30도 이상이고 전날 오후 6시부터 다음날 9시까지의 밤 최저기온이 25도 이상인 날을 가리킨다. 열대야가 발생하면 밤에도 폭염 때문에 수면 부족과 무력감에 시달려, 더위를 나타내는 지표로 널리 사용한다. 지표면은 낮에 태양열을 받아 더워졌다가 밤이 되면 복사열을 방출한다. 열대야는 낮에 만들어진 대기 중의 수증기와 이산화탄소가 복사열을 흡수해 밤에 이를 지상으로 되돌려 보내면서 나타난다.

우리나라에서 열대야는 장마가 끝난 뒤 고온다습한 북태평양고기압이 발달할 때 주로 나타난다. 열대야는 공기의 흐름이 좋은 해안보다는 내륙에서 흔하고, 녹지가 많은 시골보다는 인구

밀도가 높고 인공물이 많으며 에너지 소비가 많은 도시에서 주로 발생한다. 대도시의 도심과 산업단지를 비롯해 주변보다 기온이 높은 열섬현상이 나타나는 곳에 열대야가 자주 나타난다.

모두의 숙제가 된 지구온난화

지구온난화는 태양열이 지구에 내리쬐고 반사되면서 이산화탄소와 메탄가스, 염화불화탄소 등 온실기체가 반사열 일부를 흡수해 대기의 기온이 올라가는 현상이다. 지구온난화는 19세기 후반 이후 관측되는 기후 현상으로, 산업 발달과 도시화로 화석연료의 소비가 늘고 숲이 사라지면서 두드러졌다. 자동차, 전력, 중화학공업, 냉난방으로 탄소 배출원은 늘었으나 탄소의 흡수원인 열대우림, 온대림, 한대침엽수림 등 식생이 줄어들었다. 그 결과 이산화탄소가 대기 중에 많아지고 태양열의 복사를 방해하고 에너지를 가둬 지구의 기온이 올라갔다.

19세기 유럽에서 본격화되어 미국을 거친 도시화와 산업화의 물결은 일본과 한국, 중국에까지 번졌다. 넘쳐나는 상품, 밤낮을 가리지 않는 화려한 도시의 광고판, 거리마다 넘쳐나는 자동차는 모두 천연자원과 화석연료를 바탕으로 만들어지며 많은 온실기체의 배출을 부추겨 기후변화를 일으킨다.

산업혁명 이전에 270ppm이던 이산화탄소 농도가 20세기 초반 400ppm으로 급증해 지구온난화가 심각해졌다. 1950년대 말부터 대기 중 이산화탄소 농도를 측정하는 하와이의 마우나 로아 관측소는 2013년 이산화탄소 농도가 400ppm이 넘었다. 그 뒤 이산화탄소 농도는 연평균 2.5ppm씩 늘어 2019년에는 415ppm, 2025년 3월 7일에는 430.60ppm으로 일일 평균 기준을 처음으로 넘었다. 과학자들은 이산화탄소 농도가 450ppm을 넘으면 지구 평균기온이 산업화 이전보다 2도 이상 오를 것으로 예측했다. 인구 증가에 따른 도시화와 산업화로 대기 중 이산화탄소가 높아지면서 400~500년 주기로 1.5도 안팎의 변화를 보이던 지구의 연평균기온이 10년 단위로 0.1도씩 상승했다.

IPCC는 2050년에는 지구의 평균기온이 3도 정도 상승하며 여름이 덥고 건조해질 것으로 내다본다. 아울러 빙하가 녹고, 해수면이 높아지며, 폭염과 혹한·태풍·가뭄 등 기상이변이 잦아지고, 생태계가 교란되는 등 환경변화와 자연재해가 자주 발생할 것으로 걱정한다. 지구온난화에 의해 남극과 북극, 고산의 빙하가 녹으면서 해수면이 상승하고, 각종 자연재해가 끊이지 않는다. 해수면이 상승하면서 해안의 도시와 경작지가 물에 잠기고, 해일 등이 자주 일어나 인명과 경제적 피해가 나타난다. 바닷물의 수온이 오르면서 더 많은 수증기가 대기 중으로 배출되어 이상기상이 생기고 기상재해로 큰 피해가 발생한다.

기후변화에 따른 지구온난화와 자연재해의 발생은 정비례한다. 세계기상기구의 보고(1970~2021)와 관련 통계에 따르면 지난

50여 년간 재해 횟수와 경제적 피해는 급증했지만 조기 경보 덕분에 인명 피해는 감소했다. 1970년대에 비해 최근 10년 동안 발생한 재해 횟수는 약 5배 정도 늘어나는 등 기후변화로 인한 극단적 기상 현상이 일상화되었다.

과거보다 사회 인프라가 집중되고 자산의 가치가 높아짐에 따라 경제적 손실액은 1970년대보다 7배 이상 크게 늘었다. 반면 재해에 대한 조기 경보 시스템이 발달하면서 1970년대 연간 5만 명 이상이던 사망자 수는 2010년대 들어 연간 2만 명 미만으로 3배 정도 줄었다. 유엔재난안전처의 보고서에 따르면 지난 20년간 전 세계에서 기후변화로 인한 자연재해는 이전보다 2배로 늘었다. 2000~2019년에 7,348건의 자연재해가 발생했는데, 이는 1980~1999년보다 2배 가까이 급증한 수치다.

자연재해 가운데 인명 피해가 가장 많은 것은 아프리카 지역을 중심으로 지난 50년간 약 65만 명의 목숨을 앗아간 가뭄이다. 자연재해에 의한 경제적 피해는 폭풍과 홍수로, 이는 전체 경제적 손실의 대부분을 차지했다. 특히 2025년 미국을 덮친 허리케인 카트리나는 단일 재해로 가장 큰 손실을 끼쳤다. 문제는 자연재해로 인한 전체 사망자의 90% 이상이 빈곤한 국가들에서 발생해 불평등한 피해가 커지고 있다는 점이다. 기후 위기의 원인은 선진국이 제공하지만 피해는 저개발국이 고스란히 떠안는 기후 불평등은 이미 다양한 통계 결과로 증명되었다.

저절로 사라지는 것은 없다

오늘날의 기후변화를 자연현상으로 봐야 한다는 경제 중심적이거나 개발 지향적 낙관론도 있다. 하지만 2007년 노벨평화상을 수상한 IPCC는 지구온난화는 전 지구적으로 분명한 현실이며, 20세기 중반 이후 발생한 지구온난화는 인류가 배출한 온실기체에 따른 것이라고 지적했다.

인류가 출현한 이래 처음으로 이산화탄소 농도가 400ppm을 넘어선 해인 2015년, 우리는 여름에는 폭염, 겨울에는 한파 때문에 전력 소비가 급증하면서 계절과 관계없이 전력난을 겪었다. 폭염이 한풀 꺾여도 겨울 한파와 폭염은 다시 찾아올 것이다. 폭염과 한파를 비롯한 이상기상의 피해는 노인과 어린이, 빈곤층 등 사회적 취약계층에 더 크다. 우리는 기후변화의 원인 제공자인 동시에 그 부담과 피해를 그대로 받는 피해자다.

특히 기후변화가 발생하는 데 아무런 역할을 하지 않았는데도 불구하고 지구온난화의 최대 피해자이자 생태적 약자인 동물과 식물들의 피해는 매우 심각하다. 지구온난화에 따라 북극과 남극의 빙하가 녹아내려 해수면이 상승하고 수온이 높아지면서 크릴새우, 펭귄, 북극곰, 순록, 조류를 비롯한 동물생태계가 혼란에 빠지고, 육상에서는 식물이 쇠퇴하고 있다. 온대지역의 고산지대에서도 폭염 등 기온 상승에 따른 생태계의 피해가 이어지고 있다. 폭염은 고산과 아고산 생태계에 적지 않은 영향을 미치는데, 지구온난화에 따른 생태계의 변화가 우리에게 직접적인 피해나 불편을 주지 않기에 이를 눈여겨보지 않았을 뿐이다.

고도가 높은 고산과 아고산은 사면의 경사가 급하고, 토양층이 얇고, 기후가 열악하며, 생태계는 연약하다. 이에 지구온난화와 폭염, 개발 활동 등 외부의 작은 물리적인 충격에도 자연생태계가 쉽게 교란 또는 파괴되며 충격에 대한 복원력이 낮아 시간이 지나도 원상을 복구하는 것은 매우 어렵다.

극지방에 주로 자라지만 백두대간과 한라산의 고산과 아고산에 섬처럼 드문드문 격리되어 분포하는 돌매화나무, 시로미, 월귤 등 극지고산식물은 지난 빙하기에 북방의 혹독한 환경을 피해 피난처를 찾아 한반도로 들어온 빙하기의 유물이다. 이들은 지난 1만2,000년 전후로 시작된 홀로세 또는 후빙기에 기온이 높아지면서 온난한 기후와 다른 식물과의 경쟁을 피해 한랭한 높은 산정에 정착했다.

돌매화나무는 한라산 산정을 지구상 분포의 남방한계선으로 삼는 북방계 한대성 극지고산식물종이며 빙하기의 유존종으로 우리나라의 자연사를 복원하는 열쇠다. 동시에 기후변화가 생태계에 미치는 영향의 지표종으로 세계적인 가치가 높아 반드시 보전해야 할 자연유산이다. 산 정상부에 고립되어 자라는 빙하기 유존식물이 지구온난화와 폭염, 그리고 개발로 인해 고산에서 사라진다는 것은 우리의 미래도 위태로울 수 있다는 신호다. 사라지는 모든 것들에는 그만한 이유가 있다.

모두가
기후난민이다

지구가 흘리는 눈물

북극권의 가장 북쪽에는 북극해가 있고 그 남쪽에는 기온이 낮고 강설량이 많아 지표의 40%가 눈과 얼음으로 덮인 대륙빙상이 있다. 빙상은 보통 5만㎢ 이상의 얼음덩어리로 연간 강설량이 여름까지 눈이 녹는 양보다 많을 때 만들어진다. 그런데 북극 주변의 기온이 오르면서 바다와 육상의 얼음과 눈이 녹고 1년 내내 얼어 있는 영구동토가 차츰 사라지고 있다.

북위 66도 33분이 남방한계선인 북극권의 온난화가 세계 평균보다 2배 이상 빠른 속도로 진행 중이다. 태양광을 반사하는 얼음과 눈이 줄면서 북극권의 물과 지면이 흡수하는 태양에너지가 증가하고, 그에 따라 기온이 상승하는 악순환이 이어지고 있다. 북극권의 기후를 결정하는 요소들 가운데 하나라도 경계를 넘으면 땅, 얼음, 생태계 등 다른 요소들도 연쇄적으로 영향을 받는다.

북반구에서는 북극점에서 남쪽으로 가면서 기온이 높아지면서 북극해, 1년 내내 대륙빙상으로 덮여 있는 빙권, 툰드라, 타이가, 침엽수와 활엽수가 섞여 자라는 혼합림대, 낙엽활엽수대, 상록활엽수림대, 열대우림 등이 순차적으로 나타난다. 물론 고도에 따라 기후대와 식생대가 달라지기도 하고 대륙 내부로 가면서 초지나 사막으로 바뀌기도 한다. 북극권은 북극점에서 북위 66도 33분까지로 기후적으로 한대와 온대를 구분하는 경계선이다. 북극권의 북쪽에는 식생을 거의 찾아볼 수 없는 완전한 불모지대로, 대부분이 얼음으로 덮여 있어 북극 사막이라고도 한다.

툰드라는 북극해 연안부터 월평균기온이 10도 이하여서 나무가 자랄 수 있는 북방한계선까지의 거친 벌판이다. 이곳에서 가장 따뜻한 달의 평균기온은 0~10도로, 2~3개월의 여름 동안 기온이 영상이어서 땅이 녹아 습지를 이룬다. 북극권과 온대 고산대는 툰드라가 나타나며 공통적인 극지고산식물들이 자란다. 타이가는 툰드라 남쪽에 나타나는 한대침엽수림 지대로 북위 50~70도 지역에 걸쳐 있다. 타이가는 여름철 월평균기온이 10도보다 높아 가문비나무류와 전나무류·잎갈나무류 등 침엽수림대가 발달한다.

이런 북극에도 지구온난화가 발생하면서 생태계도 변화를 맞고 있다. 북극은 일반적으로 광활하고 척박하며 얼어붙은 땅이지만 기온이 점차 높아지면서 식물이 번성할 수 있는 환경으로 바뀌었다. 알래스카 원주민들은 빙하가 녹으면서 물범과 고래를 잡을 수 없는 경우가 늘고, 녹색 말류들이 대번식하면서 관광명소였던 호수가 생물이 살 수 없는 곳이 되었다. 반면에 툰드라에 여름이 오면 영구동토층이 녹으면서 습지에 모기가 많아져 사람뿐만 아니라 동물에게도 치명적인 피해를 준다.

한편, 북반구 땅의 25% 가까이 차지하는 북극권 영구동토층 아래에는 많은 양의 탄소와 메탄이 갇혀 있다. 메탄은 기후변화의 주범 가운데 하나로 이산화탄소보다 온실효과가 20배 이상이다. 1980년대부터 북극권에서의 기온이 상승하면서 영구동토가 녹아 온실효과를 일으키는 메탄과 탄소를 배출하는 속도가 빨라졌고 이 때문에 지구온난화에도 속도가 붙었다. 미국 알래스카에서는 영구동토가 녹으면서 예상보다 약 12배 많은 아산화질소가 배출되었다. 아산화질소는 이산화탄소보다 100배 정도 강력한 온실효과를 일으키는 기체로 태양의 자외선으로부터 인류와 동식물을 보호하는 성층권의 오존층도 파괴한다.

세계 각국이 유엔(국제연합)에 제출한 자발적 온실기체 감축 계획을 지킨다고 해도 북극권에서 일어나는 기후변화로 21세기 말까지 약 67조 달러의 경제적 손실이 생길 것으로 예측된다. 2024년 기준 전 세계 국내총생산 규모는 약 111조3,264억 달러였으니 그 피해 규모가 얼마나 큰지 짐작할 수 있다. 미국 하버드대와 노스웨스턴대의 연구에 따르면 지구 온도가 1도 상승할 때마다 전 세계 국내총생산이 약 12% 증발하는 것으로 나타났다. 북극권의 지구온난화로 고위도 지역에서 북극 항로가 열리고 자원 채취가 쉬워지는 등 일부 지역에서는 경제적 이익도 발생하기도 했다. 하지만 기후변화로 인한 전 지구적 피해와 비교하면 매우 적다.

1961~2010년까지 온난화가 165개국의 경제성장에 미친 영향을 비교한 결과, 지구온난화로 지난 50년간 선진국과 후진국 사이의 경제적 불평등이 더욱 커졌다. 캐나다와 노르웨이, 핀란드를 비롯한 고위도 국가들은 지구온난화로 1인당 부가 25~50% 정도 증가한 데 반해 저위도에 밀집된 세계 최빈국들의 부는 17~30% 줄었다. 고위도 국가들은 기온이 오르면서 농작물의 생장 기간이 길어지고 눈보라에 따른 교통 마비가 줄어 경제적으로 큰 도움을 받았다. 이에 따라 고위도에 있는 1인당 경제 생산 최상위권 국가들과 저위도의 최하위권 국가들 사이의 격차는 기후변화가 없다고 가정했을 때보다 25% 정도 더 벌어졌다.

넓어지고 빨라지는 변화

독일 라이프치히대 등의 연구에 따르면 계절의 변화에 따라 지구 표면의 녹색 생태계가 가장 밀집된 지구의 녹색 중심이 점차 북동쪽으로 이동하고 있다. 지구의 녹색 중심이 7월 중순 적도에서 북쪽으로 2,390km 떨어진 북유럽의 아이슬란드 인근 북대서양과 3월 적도에서 160km 아래쪽에 있는 서아프리카의 라이베리아 해안 사이를 오간다는 것이다. 특히 1982~2022년의 위성 데이터를 분석한 결과, 모든 계절에 걸쳐 녹색 중심이 북쪽으로 이동했다. 40년간 해마다 북쪽으로 이동한 거리의 평균은 1.9~2.4km였다. 그러나 2010년 이후에는 이동 속도가 매우 빨라져 북상한 거리가 북반구 여름에는 3.3km, 남반구 여름(2월)에는 14km였다.

지구 관측 위성 데이터에 따르면 지난 40여 년 동안 식물의 잎 면적은 눈에 띄게 늘었다. 대기 중 이산화탄소 농도가 높아지면서 식물이 광합성을 더 활발히 한 결과로, 기후변화에 따른 지구 온난화를 지구 녹화 현상의 가장 큰 원인으로 꼽는다. 지구 녹화 현상에서 이산화탄소 증가가 차지하는 비중은 70%에 이른다. 지구 표면 온도가 높아지면서 과거 너무 추워 식물이 자라기 힘들었던 북극 툰드라나 시베리아 등지에서도 녹색 지대가 늘어났다. 북쪽으로의 이동과 함께 주로 중국과 인도의 대규모 조림 사업, 집약적 농업 방식 등으로 녹색 중심이 동쪽으로 이동하는 현상도 나타났다.

녹색 중심은 앞으로 온실기체 배출량에 따른 기후변화 정도에 따라 달라질 것으로 보인다. 온실가스 배출이 지금 추세를 유지하는 고배출 시나리오에서는 녹색 중심이 동쪽으로 이동하고,

온실가스를 배출이 줄어드는 저배출 시나리오에서는 북쪽으로의 이동이 더 클 것으로 전망된다. 가장 낙관적인 미래 시나리오에서도 녹색 중심의 북쪽 이동은 지속하는 것으로 나타나, 지구 관측 위성 데이터는 기후변화가 지구생태계에 미치는 영향이 심각하다고 강조했다.

사라지거나 쫓겨나거나

오늘날 지구의 연평균기온은 19세기 말보다 1도 남짓 높아졌다. 지구의 평균기온이 1도 상승하면 양서류가 크게 줄고 바다의 사막화라고 부르는 백화현상 또는 갯녹음현상이 일어난다. 2도 이상 온도가 오르면 산호가 사라지고 생물종의 4분의 1이 멸종위기를 맞는다. 시베리아 영구동토층, 남극 및 그린란드에서는 빙하가 녹으면서 기후변화를 예측하고 대응하는 것이 어려워진다. 3도 오르면 지구상 많은 생물이 멸종위기에 처할 수 있으며, 5도 오르면 해수면 상승으로 해안의 도시들이 대부분 물에 잠길 수도 있다.

지구의 평균기온이 1.5도에서 2도로 높아지면 극단적인 폭염에 노출되는 사람이 4억2,000만 명 늘어나고, 물이나 식량이 부족해 고통받는 취약계층의 수는 2배로 증가한다. 1900년 이후 지구의 연평균기온은 1도 가까이 상승한 데 이어 1979년 이후에는

10년마다 0.2도 가깝게 기온이 상승했다. 이에 따라 가뭄, 홍수와 함께 해수면이 상승했고, 동식물들의 생존에 부담이 커졌다.

과학자들은 기후변화가 지금처럼 계속되면 2050년까지 지구에 사는 생물종 가운데 4분의 1이 멸종할 수 있다고 본다. 식물이나 척추동물의 멸종위험은 2배 높아지고, 어획량의 감소폭도 2배 늘어날 것으로 본다. 스웨덴 스톡홀름대학의 두뇌집단인 스톡홀름충격복원력센터가 생물다양성 소실을 인류가 당면한 가장 중요한 현안으로 평가한 것도 인간에게는 멸종된 생물을 복원할 능력이 없기 때문이다. 국립생태원은 지금처럼 기후변화가 계속된다면 21세기 안에 5,700여 생물종 가운데 6%인 336종이 멸종할 수 있다고 발표했다.

지구온난화로 식물이 꽃 피는 시기가 앞당겨지고, 곤충과 새들이 알을 낳고 부화하는 시기가 빨라지며, 생물의 서식지가 바뀌고, 바다에서 백화현상이 널리 퍼지며, 생물다양성이 감소하는 등 자연생태계의 교란과 파괴가 심해지고 있다. 생물시계가 어긋나면서 식물의 꽃 피는 시기가 예전과 달라지면서 꽃과 꽃가루를 옮기는 곤충들이 서로 만나지 못해 결실되지 못하는 생태학적 불일치 등 자연생태계에 예상하지 못한 피해가 나타날 수 있다.

겨울철의 이상고온과 적설량 감소 그리고 여름철 폭염 때문에 높은 산에 자라는 늘푸른바늘잎나무 또는 상록침엽수인 구상나무, 분비나무, 가문비나무 등이 지구온난화에 따른 수분 부족 등으로 대규모로 말라 죽고 있다.

제주도 한라산에서 기온이 따뜻해지고 강수량도 늘어나면서 낮은 고도에 자라던 식물들이 정상 쪽으로 확장하고, 이 결과 고산대와 아고산대에서 기존에 살던 토착 식물종과 침입한 식물종 사이에 경쟁이 치열하다. 한라산과 설악산 등 높은 산꼭대기의 여름 최고기온이 낮은 곳에 살던 빙하기의 유물인 돌매화나무·시로미·월귤·들쭉나무 등 고산식물은 지구온난화 때문에 쇠퇴하고 있다.

반면에 고온다습한 조건에서 경쟁력 있는 한라산의 제주조릿대는 산 위와 아래쪽으로 동시에 퍼져 가면서 생태계를 교란하고 있다. 제주조릿대는 과거에는 해발 600~1,400m에서만 분포했으나 이제는 한라산국립공원 면적의 90%를 뒤덮을 정도에 이르렀고 백록담 일대까지 퍼졌다. 제주조릿대의 서식지가 넓어지면서 설앵초, 한라장구채, 한라송이풀, 시로미, 털진달래 등 다른 식물들은 경쟁에 밀려 쇠퇴하고 있다. 한대성식물이 온대성식물이나 난대성식물에 의해 원래의 서식지에서 밀려나면서 한라산의 생물종 다양성이 감소하는 지구온난화의 제물이 되고 있다. 환경이 바뀌면 스스로 이동해 적합한 장소를 찾아가는 동물과는 달리 식물은 이동 능력이 떨어져 침입종과 경쟁에서 살아남지 못하면 서식지에서 사라지고 만다.

계절적 리듬이 깨졌을 때

국립수목원은 지난 16년간 256종의 식물을 대상으로 관측한 잎눈파열(눈 안에서 어린잎이 보이기 시작하는 단계)과 개화, 단풍, 낙엽을 비롯해 총 13개의 식물계절 지표를 7~10일 간격으로 분석해 발표하고 있다. 특히 개나리와 노각나무, 당단풍나무, 마가목, 미선나무, 백목련, 복자기, 산벚나무, 산수유, 산철쭉, 생강나무, 신갈나무, 아까시나무, 왕벚나무, 자귀나무, 졸참나무, 진달래, 철쭉, 함박꽃나무, 히어리 등 낙엽활엽수 20종의 잎눈파열, 개화 시작, 개엽 시작(적어도 3개의 다른 가지에서 잎자루나 펼쳐진 잎이 보일 때), 단풍 절정(90~100%) 등 4가지 주요 지표를 분석했다.

이에 따르면 국내 산림의 생장 기간은 16년 사이 평균 17일에서 20일가량 늘어났다. 이는 봄철 식물계절 지표가 앞당겨지고 가을철 단풍 시기가 늦춰지면서 나타난 현상이다. 잎눈파열은 연평균 0.94일, 개화 시작은 0.83일, 개엽 시작은 0.79일씩 빨라졌다. 반면 가을의 상징인 단풍 절정 시기는 연평균 0.33일씩 늦춰져, 전체적으로 약 5일 정도 지연되어 식물이 생육하는 기간이 길어졌다.

특히 봄철 변화에 가장 민감하게 반응한 식물은 산수유로, 잎눈파열 시기가 매년 1.39일씩 앞당겨지는 가장 빠른 조기화 현상을 보였다. 노각나무와 자귀나무 등도 상대적으로 빨라지는 변화를 보였다. 개엽 시작 단계에서는 산벚나무와 졸참나무, 히어리 등이 매년 1일 이상 빠르게 잎을 틔웠다. 가을에 단풍이 드는 현상은 종별로 차이가 더 뚜렷해 당단풍나무와 산벚나무는 오히려 시기가 앞당겨졌으나 노각나무와 백목련 등은 지연되는 등 종마다 반응이 달랐다.

지역별로도 식물계절 변화의 속도가 달랐다. 봄철 현상의 조기화가 가장 두드러진 곳은 전북과 충북 지역이었고, 경기 북부도 개화 시기가 빠르게 앞당겨졌다. 반면에 산이 많고 위도가 높은 강원도와 해양성 기후의 영향을 받는 제주도 같은 지역은 상대적으로 변화 폭이 작거나 통계적으로 뚜렷한 경향이 나타나지 않았다.

식물의 계절 시기를 결정짓는 가장 핵심적인 기상 요인은 온도였으며, 특히 봄철 식물계절 현상은 1~5월 사이의 기온 및 지면 온도의 영향이 지배적이었다. 특히 봄철 개화와 개엽은 기상 요인만으로 변동의 95% 이상이 설명되었다. 가을 단풍은 7~9월 사이의 늦여름 기온과 지면 온도, 이슬점 온도가 높고 습윤할수록 늦어졌다.

기후변화로 봄이 빨라지고 전국적으로 동시에 기온이 오르면서 양봉 농가들의 시름이 깊어지고 있다. 양봉 농가는 국내 최대 밀원식물인 아까시나무가 개화하는 5월에 최대한 많은 양의 꿀을 따는 것이 중요하다. 그러나 남쪽부터 시차를 두고 피던 아까시나무꽃이 일시에 피는 일이 잦아지면서 양봉에 위기를 불러

왔다. 이상고온으로 봄꽃이 너무 일찍 피거나, 겨울철 날씨가 따뜻해 꿀벌이 겨울잠에서 일찍 깨어나 기력을 소진해 집단적으로 죽는 현상이 자주 발생한다. 꿀벌의 집단 폐사는 일벌들이 먹이활동을 나간 뒤 벌집으로 돌아오지 않아 여왕벌과 애벌레만 남겨진 채 벌집 전체가 몰살되는 현상으로 기후변화가 원인의 하나로 지목되었다. 꿀벌응애, 네오니코티노이드 등 살충제, 먹이 부족도 꿀벌이 집단 폐사하는 원인이다.

식물계절이 달라지면 산림생태계 전반에 연쇄적인 영향을 미친다. 생장 기간이 길어지는 것은 일시적으로 탄소 흡수량을 늘릴 수 있지만, 장기적으로는 영양분의 재분배에 균형을 깨고 식물과 수분 매개 곤충들 사이의 활동 시기가 어긋나는 먹이사슬의 불일치를 일으키면서 산림생태계의 조화와 균형을 흔들 수 있다.

둥지에서 쫓겨나는 동물

2024년 세계자연기금(WWF)이 펴낸 《지구생명보고서》에 따르면 1970~2020년 사이 50년간 전 세계에서 모니터링된 포유류, 조류, 어류, 파충류, 양서류 등 야생 척추동물 개체군의 규모가 평균 73% 감소했다. 이는 전체 종의 73%가 멸종했다는 뜻이 아니라, 관찰 대상이 된 개체군들의 마릿수(규모)가 평균적으로

73% 줄어들었다는 의미다. 서식지에 따른 감소 정도는 담수생태계 85%, 육상생태계 69%, 해양생태계 56% 순이었다. 생물다양성 손실은 전 지구적 현상이지만, 특정 지역에서 더욱 피해가 심했다. 라틴아메리카 및 카리브해는 생물다양성이 무려 95% 감소했고, 아프리카 76%와 아시아·태평양 60%가 뒤를 이었다.

생물다양성을 위협하는 근본적인 원인은 주로 농경지 확대 등 인류의 식량 시스템으로 인한 서식지 파괴 및 황폐화가 가장 큰 비중을 차지한다. 이어 과도한 사냥, 어획 등에 따른 자원 남용. 외래종 침입 및 질병에 의한 생태계 균형을 파괴 등이다. 기후위기는 특히 고위도 지역이나 해양생태계에 피해가 크다. 최근의 기후변화는 인간 활동에 의한 발생했을 가능성이 90% 이상이며, 주요 원인은 화석연료의 과도한 사용으로 인한 온실기체 농도의 증가라고 세계자연기금은 주장했다.

아프리카 대륙 동쪽 약 400㎞ 지점으로 인도양에 있는 섬나라 마다가스카르는 전 세계에서 이곳에만 서식하는 동식물 종이 5%에 이르는 생태계의 보고다. 그러나 기후변화로 인해 마다가스카르 여우원숭이 가운데 최소 2종이 멸종위기에 있다. 지구온난화와 삼림 벌채가 계속되면 앞으로 50년 이내에 여우원숭이 서식지의 90% 이상을 잃을 수 있다. 여우원숭이는 마다가스카르 열대우림에서 희귀식물들의 씨앗을 퍼트리는 역할을 하므로 이들의 멸종은 마다가스카르 전체 생태계에 피해를 줄 수 있다.

서울의 남산에서는 겨울 이상고온으로 산개구리의 동면 시기가 점차 짧아지거나, 예년 첫 산란일에 비해 1달가량 빠르게 번식을 위해 포접하는 등 생태계 이상 현상이 나타났다. 지리산국립공원 구룡계곡 일대에 사는 북방산개구리의 첫 산란일도 지난 5년간 2~3월 초까지 약 1달 가까이 빨라지는 등 양서류가 기후변화에 적응하지 못하는 것이다.

2010~2019년 기상청의 기온 자료 분석에 따르면 1월 평균기온이 10년 전보다 2.78도 상승했다. 제주도에는 곤충 5,108종이 사는데, 최근에는 기후변화에 따라 제주도 미기록종인 뾰죽부전나비, 갈매기부채명나방, 포도유리날개알락나방을 비롯한 34종이 추가되었다.

열대어가 몰려오는 이유

기후변화가 한반도 내륙뿐만 아니라 주변 바다와 섬의 생태계를 변화시키고 있다. 경남 통영에서 약 50㎞ 떨어진 한려해상국립공원 홍도와 인근 바다에서는 아열대성 생물과 어종이 많아지고 있다. 홍도 앞바다의 어류 29종 가운데 범돔과 아홉동가리 등 아열대성 어종이 55%로 절반을 넘는 16종을 차지했고, 돌돔·쥐치를 비롯한 온대종은 45%인 13종으로 나타났다. 제주도를 넘어 한반도 남해 인근까지 아열대성 기후가 북상한 것이다.

한려해상국립공원 홍도에 서식하는 괭이갈매기의 첫 번식일은 2000년대 초반보다 10일이나 앞당겨졌다. 홍도 일대의 연평균기온은 1973~1979년까지 13.8도에서 2010~2018년 14.8도로 올랐다. 섬 생태계의 상위 포식자인 괭이갈매기는 먹이가 가장 풍부한 시기에 번식을 시작하는데, 기온이 빠르게 오르면서 번식을 위한 먹이 조건이 일찍 만들어지면서 번식일도 앞당겨진 것이다.

지구온난화는 해수면 상승 등으로 해안에 사는 동물 서식지를 직접 파괴할 뿐 아니라 바다에 사는 동물의 생리적인 변화까지 가져온다. 호주의 멸종위기종인 푸른바다거북은 수컷 개체수의 부족으로 번식이 위기에 처해 있다. 푸른바다거북은 온도에 따라 성(性)이 결정되는데, 부화기에 기온이 상승하면서 어린 거북의 암컷 비율이 99%에 이를 정도로 심각한 성비 불균형이 나타난다. 바다거북 어미는 해변에 구덩이를 파고 알을 낳는데, 알이 부화하는 동안의 모래 온도가 상승할수록 암컷이 부화할 가능성이 커지게 된다.

지구온난화를 방관하면 남극의 상징물인 황제펭귄이 금세기 말에 멸종할 운명이라고 한다. 황제펭귄은 얼음 위에서 새끼를 기르고 잠을 자기 때문에 해빙과 운명을 같이한다. 황제펭귄은 남극대륙과 연결되어 있고 먹이를 구할 수 있는 바다로도 열려 있는 해빙을 서식지로 이용한다. 지구온난화에 따라 해빙이 줄어들면 황제펭귄이 멸종에 이를 수도 있다는 것이다. 지구의 기온이 1.5도 이내로 오르면 해빙은 2100년까지 5% 줄어들어 황제펭귄 집단은 19% 감소하게 된다. 기온이 2도 상승하면 해빙이 줄어드는 양은 3배 가까이 크게 늘면서 황제펭귄 집단도 3분의 1 이상이 줄어든다. 우리가 현재처럼 에너지와 천연자원을 쓰고 살면 기온은 5~6도 상승하며, 이에 따라 애꿎은 황제펭귄의 86%가 사라지는 것으로 예측되었다.

산호초의 멸종에만 머물까

2018년 호주 북동부에는 세계 최대의 산호초 지대인 그레이트 배리어 리프가 있다. 이곳의 작은 모래섬인 브램블 케이에 설치류인 브램블 케이 멜로미스가 살고 있었다. 하지만 지구온난화의 영향으로 섬 주변 해수면이 높아지면서 10년 동안 발견되지 않아 공식적으로 멸종한 것으로 평가된다. 해수면 상승으로 이 종의 서식지가 침수되면서 기후변화에 따라 멸종한 첫 번째 포유류가 되었다.

지구온난화가 현재와 같은 수준으로 계속되면 남극의 얼음이 빠르게 녹으면서 21세기 말에는 전 세계 해수면이 1m 넘게 상승하고, 북극 해빙까지 합치면 2m 가까이 높아질 전망이다. 전 세계 해수면이 2100년까지 최고 2.38m 높아질 수 있으며 그 경우 1억8,000만 명이 집을 잃을 것이다. 해수면의 상승으로 물속에 잠길 육지 면적이 프랑스와 독일, 스페인, 영국을 합친 것보다 더

넓을 것이라니 충격적이다.

2025년 국립해양조사원의 발표에 따르면 지난 1989~2024년까지 36년간 우리나라 바다의 해수면은 연평균 약 3.2㎜씩 올라 총 11.5㎝ 정도 상승했다. 1990년대 연평균 3.80㎜, 2000년대 연평균 0.13㎜, 2010년대 이후 연평균 4.27㎜로 해수면이 상승하는 속도가 빨라지고 있다. 해역별 연평균 해수면 상승률은 제주 부근 4~7㎜, 동해안 3.0~3.6㎜, 서해안 3.0~3.6㎜, 남해안 2.6~3.4㎜였고, 특히 2015~2024년까지 최근 10년 사이에 해수면은 가파르게 상승했다.

2025년 기상청의 《우리나라 113년 기후변화 분석 보고서》에 따르면 1912~2024년까지 지난 113년 동안 우리나라의 연평균기온은 지역에 따라 약 1.9~2.8도 상승했다. 이는 전 지구 평균 상승폭 1.1~1.2도보다 약 1.5~2배 빠른 속도다. 연평균기온은 1910년대 약 12.0도에서 2010년대 약 14.1도, 2020년대는 약 14.8도로 1910년대보다 2.8도 상승했다. 1910년대부터 2010년대까지 100년 동안 1.9도 올랐는데, 2015~2024년까지 최근 10년 사이에만 0.9도가 추가로 상승했으며, 2020년대 전반기인 2021~2025년은 이보다 더 높은 수치를 기록하며 상승 폭이 더욱 가팔라지고 있다.

2024년과 2025년 연속으로 열대야 일수와 폭염 일수가 역대 최상위권을 기록하며, 단순한 기온 상승을 뛰어넘어 사람을 포함한 생물의 생존까지 위협하는 고온 현상이 이어지는 등 극한 기후의 일상화가 현실이 되었다. 하루 최고기온이 33도 이상인 연평균 폭염 일수는 1910년대 7.7일, 1980년대 9.4일, 2010년대 15.5일이며, 2020년대 16.9일로 1910년대와 비교해 2.2배 증가했다. 밤에도 최저기온이 25도 이하로 내려가지 않아 잠을 이루기 힘든 열대야 일수는 2020년대 28.0일로 1910년대 6.7일보다 4.2배 급증했다.

여름은 길어지고 더워진 데 비해 겨울은 약 22일 짧아졌으며, '매우 추운 겨울'보다 '평년보다 따뜻한 겨울'이 자주 나타났다. 특히 도시는 비도시 지역보다 최저기온이 약 1.3도 올라 도시 내부에서 주변보다 온도가 높은 열섬현상이 두드러졌다. 도시화에 따라 좁은 국토에 인구와 산업이 밀집되면서 발생하는 열섬현상이 온난화를 부추겼다. 한편, 연간 강수일수는 줄어들었으나 전체 강수량은 오히려 늘어나 집중호우와 같은 강한 비가 잦아졌다.

계절의 변화도 두드러져 여름은 과거 1912~1940년보다 최근에 약 20~25일 길어졌으며, 현재는 연중 약 4개월인 120일 이상이 여름이다. 반대로 겨울은 약 22일 짧아져, 눈도 덜 내리고 얼음이 얼지 않으면서 강원도 겨울 축제가 취소되는 등 생활에도 영향을 주고 있다. 동시에 한반도 주변 바다의 온도가 전 세계 평균보다 빠르게 오르면서 내륙의 지표 온도가 상승했다.

기후변화에 따른 지구온난화는 생태계와 일상생활에도 영향을 미쳐 개나리, 벚꽃 등 봄꽃의 개화 시기가 100년 전보다 2주 이상 앞당겨지는 등 봄의 시작이 빨라졌다. 봄철 짧은 기간 사이에 매화, 동백, 개나리, 벚꽃, 산수유, 진달래, 목련, 조팝나무 등이 동시에 꽃 피는 동시 개화 현상이 자주 나타난다. 농업에서는 사과의 주산지가 대구 일대에서 북쪽의 안동과 충주를 넘어 북한과 접한 경기도 연천, 강원도 양구까지 북상했다. 동물생태계에서는 솔나방을 비롯해 해충이 연 2회 산란하고 철새가 텃새가 되는 등 생태계 교란이 발생했다. 스키 등 겨울 레저 산업은 적설량 감소로 인해 관광산업 기반 자체가 위기를 맞고 있다.

남은 생명마저
떠나면

생물 멸종의 최후 심판일

유엔생물다양성과학기구는 생물다양성협약의 과학적 자문을 위해 설립된 정부간 협의체로, 2019년 발표한 《지구평가보고서》에서 인간의 활동에 따른 동식물 서식지 감소와 기후변화로 생물의 대멸종이 발생할 수 있다고 경고했다. 이 보고서는 1970년대 이후 인간의 활동이 크게 늘면서 생태적 위기가 앞당겨지고 있다는 자세한 증거를 제시했다. 인간의 활동으로 지구의 지표면 75%가 현저히 변형되었고, 해양 지역의 66%가 위험한 상태에 있으며, 85% 이상의 습지가 소실되었고, 2010~2015년 사이에 32만㎢에 달하는 산림이 사라졌다.

이 보고서는 산림의 파괴가 지속 불가능한 속도로 계속되면서

100만여 종에 이르는 동식물종이 멸종할 위기에 처해 있다고 분석했다. 특히 지난 500년 동안 이미 680종 이상의 동물종이 멸종했는데, 이런 추세가 계속되면 농업 시스템의 충격복원력(탄력성)도 손상되어 세계 식량안보에도 심각한 위기를 맞는다고 경고했다.

한편, 생물이 멸종하는 주요한 원인으로 인간에 의한 자연 훼손과 파괴, 인구 증가와 맞물린 토지 이용의 확대, 동식물 포획과 착취 등을 사례로 들었다. 아울러 보고서는 산업화에 따른 환경오염과 외래종의 침입, 기후변화도 생물 멸종의 큰 원인으로 지목했다. 자연에 대한 착취와 폭력에 기반을 둔 생산 및 소비의 삶을 바꾸지 않고는 현재의 생물 멸종을 막을 수 없다고 보고서는 강조한다.

생물의 멸종이 전례 없는 속도로 진행되면서 지구에 존재하는 생물 800만 종 가운데 12.5%인 100만 종 이상이 멸종위기에 있으며 50만 종 이상은 장기적으로 생존하기 위한 서식 공간이 부족하다. 조사 대상 동식물 4만여 종 가운데 약 25%는 멸종 위협을 받고 있다니 상황이 얼마나 심각한지 짐작할 수 있다. 기후변화의 지표종인 양서류의 40% 이상, 해양 포유류의 3분의 1 이상, 상어와 어류의 3분의 1가량이 멸종위기다.

2000년 이후에도 탄소를 흡수하고 동식물의 따뜻한 서식지 역할을 해야 할 숲은 해마다 우리나라 산림 면적 크기인 6만5,000㎢가 사라졌다. 지구 표면 4분의 3가량이 이미 심각하게 조각나고 파헤쳐졌다. 지난 50년 동안 육지 표면의 75%가 원래의 모습을 잃어버렸고, 85%의 습지가 소실되었으며, 산호초의 절반이 사라졌다. 2014년 이후에도 잉글랜드 면적의 5배에 달하는 열대 우림이 커피, 카카오, 소고기, 콩, 팜유 등을 공급하기 위해 파괴되었다.

야생에서 사는 포유류의 총중량도 82% 남짓 감소해 인류가 영향을 미치기 전보다 5분의 1 미만으로 줄었다. 지구상 전체 포유류의 생물량에서는 인류와 가축의 비율이 95% 이상을 차지하고, 야생포유류의 생물량은 포유류 전체의 5% 미만이다. 현재의 생물 멸종 속도는 지난 1,000만 년의 평균보다 수십에서 수백 배 빠르다. 1600년 이후에 최소 680종의 척추동물이 멸종했고, 2016년까지 가축으로 사육된 포유류 6,190종 가운데 559종이 지구상에서 사라졌으며, 1,000종은 멸종위기에 있다.

생물종 감소의 직접적인 원인으로 서식지 감소와 도시화 등 인간의 토지 이용 변화, 과도한 채취나 사냥, 기후변화와 오염을 꼽는다. 간접적인 원인으로 인구 증가와 소비력이 높아진 것도 한몫했다. 세계 인구 20억 명 이상이 숲에서 얻는 땔감으로 에너지를 얻고 있으며, 40억 명 이상이 자연에서 약재를 얻으면서, 최근 50년 사이에 육상과 해양생태계의 절반 정도는 인간에 의해 파괴되었다.

인간과 더불어 살았지만

인간에 의해 생물다양성이 사라지는 속도는 자연상태보다 1,000배나 빠르다는 주장도 있다. 인간이 자연생태계를 교란하고 파괴하기 전에는 연간 100만 종당 0.1종이 사라졌으나 지금은 연간 100만 종당 100종씩 멸종한다.

지질시대 동안 생물이 대멸종한 원인은 행성과의 충돌, 화산 폭발, 기후변화, 지진과 해일 등 자연적인 요인 때문이었다. 그러나 현재 진행 중인 여섯 번째 대멸종 원인은 인간에 의한 것이고, 절멸 속도와 정도가 훨씬 빠르고 심각하게 진행된다는 것이 문제다.

국제자연보전연맹이 척추동물의 절반인 2만7,600여 종을 대상으로 동물들의 개체수와 서식 면적 감소를 분석한 바에 따르면 포유류 절반은 개체수가 80% 이상 감소했으며, 약 32%인 8,851종은 개체수가 많게는 절반까지 줄었다. 포유류·조류·파충류는 개체수가 30% 이상 감소했고, 양서류는 15% 정도 줄었다. 177종의 모든 포유류는 1900년부터 2015년 사이에 서식지 면적의 30% 이상이 사라졌다. 80% 이상의 서식지 면적이 줄어든 종도 절반 가까이나 되었다.

개체수와 서식지 면적의 감소는 멸종위기종이 아닌 생물종들에서도 일어났다. 10~20년 전에는 멸종위기종이 아니었던 생물종들이 새롭게 멸종위기종이 되었다. 특히 조류는 멸종위기종은 아니어도 개체수가 감소하는 경우가 55%로 훨씬 많았다. 이와 같은 동물의 대규모 감소는 인류세의 생물학적 절멸 말고는 달리 설명할 길이 없다.

진화상으로 인류와 가장 가까운 유인원으로 인류와 DNA를 98% 공유하는 유일한 동물인 침팬지가 멸종위기에 있다. 인류가 침팬지에서 진화한 것은 아니지만, 공동의 조상에서 약 700만 년 전 갈라섰다는 의견이 학계의 통설이다. 아프리카에 서식하는 침팬지 4개의 아종이 생존이 위태롭다. 특히 서부 침팬지는 개체수가 약 100년 동안 80%나 줄어 심각한 상황이다. 서부 침팬지는 아프리카 서부의 부르키나파소, 베냉, 감비아, 토고 등에서 거의 사라졌다. 3개 아종의 개체수는 각각 수천 마리이며, 주로 아프리카 중부의 콩고민주공화국에 사는 동부 침팬지만이 25만 마리로 상대적으로 개체수가 많은 편이다. 아프리카에는 도시화, 광산 개발, 밀렵, 삼림 파괴, 농장 개발과 기계 영농으로 침팬지의 서식 범위가 빠르게 줄어들고 있다.

인간이 서식지를 침범하고 사냥하면서 호기심을 가지고 다가오던 침팬지가 지금은 인간을 보고 숨는 등 생활양식과 행동도 바뀌었다. 원시림에 거주하는 침팬지들과 비교해 인간으로 인해 훼손되는 지역에 서식하는 침팬지들은 행동의 다양성이 떨어지고 획일성은 늘어나 인간의 간섭이 유인원의 행태에 결정적인 영향을 미치고 있음을 알 수 있다.

가해자이면서 피해자인

덴마크 오르후스대학과 미국 코네티컷대학의 연구에 따르면 기후변화 등 급격한 환경변화로 전 세계 나무 종의 절반 이상이 위기를 맞고 있다. 특히 태국과 캄보디아, 베트남, 보르네오, 서아프리카 해안, 볼리비아·브라질의 일부 지역 등 일부 열대 지역은 나무 종들의 위기가 집중된 과열점이다. 연구진은 지난 20년 동안 전 세계 나무 3만2,090종 가운데 기후변화로 위협받는 종은 모두 1만1,645종이고, 54.2%에 해당하는 1만7,393종이 위협에 노출된 것으로 추정된다고 밝혔다. 나무에 대한 주요 위협은 농경지 확장, 나무 피복(덮임) 감소, 도시 확장, 삼림 벌채, 산불, 기후변화 등이다.

오늘날 동식물의 생존과 생물다양성을 위협하는 주요 요인은 인간에 의한 서식지 파괴, 외래침입종, 오염, 과도한 식물 채집, 밀렵, 기후변화 등이다. 생물다양성이 높은 열대와 아열대의 개발도상국을 중심으로 세계 인구 20억 명 이상이 목재를 에너지로 사용하고, 40억 명 이상은 자연에서 약재를 얻고 있다. 열대우림에 커피, 카카오, 열대과일, 고무나무, 대두 등을 재배하는 대규모 플랜테이션 농장이 많아지면서 생물다양성은 빠르게 감소하고 일부는 멸종을 맞고 있다. 열대우림에서는 금, 다이아몬드, 광물, 희토류, 석유, 천연가스 등을 채굴하기 위해 선진국의 자본과 기술이 투입되어 대대적인 개발이 진행되고 있다.

오늘날 생물다양성을 위협하는 기후변화의 가장 큰 요인은 우리나라를 포함한 선진국들이 배출한 온실기체다. 기후변화 시나리오에 따라 2050년까지 지구 연평균기온이 2도 상승하면 1.5도 상승할 때보다 멸종위기에 처하는 동식물의 수와 피해 지역이 2배 이상 높아질 수 있다. 기후변화로 인한 생물종 멸종은 국내에서도 진행되고 있다. 국내 1, 2급 멸종위기 생물종은 1989년의 92종에서 2018년에는 267종으로 3배 가까이 많아졌다. 2022년 말 개정되어 현재까지 유지되고 있는 법정 멸종위기 야생생물은 총 282종이다.

전 지구적으로 생물 멸종을 막기 위한 혁신적인 대안을 마련하지 못한다면 생물다양성의 급격한 감소와 생태계 서비스의 악화를 피하기 어렵다. 열대우림이 줄면서 지구 전체의 유전자다양성, 종 다양성, 생태계 다양성도 낮아지고 있다. 생물다양성이 사라지면 해충, 병원체, 기후변화와 같은 위협에 모든 생물이 취약해지며 최종 피해자는 인간일 수밖에 없다.

모두를 위한 아이치타깃

우리나라에서는 서식지 훼손, 환경오염, 기후변화, 밀렵으로 많은 생물종이 생사의 갈림길에 있다. 호랑이, 표범, 여우, 늑대, 따오기, 크낙새를 비롯해 우리에게 친숙한 많은 종이 남획으로 이미 사라졌다. 사향노루, 담비, 넓적부리도요, 두루미, 느시, 황새, 장수하늘소 등도 희귀 상태이거나 심각한 멸종위기에 있다.

우리나라는 2009년 경제협력개발기구 개발원조위원회에 가입하면서, 제2차 세계대전 이후 외국의 원조를 받던 원조수혜국에서 도움을 주는 원조공여국으로 바뀐 유일한 나라다. 경제 규모와 국가적 위상 또한 높아져 국제사회는 환경문제 역시 국력에 걸맞은 역할을 기대하고 있다. 따라서 국내뿐만 아니라 해외의 생물자원에서 탐사, 개발, 도입하는 데 생물다양성 보전과 지속 가능한 이용 원칙을 지켜야 한다.

생물자원을 활용하며 생기는 이익을 공유하기 위한 지침을 담은 국제협약인 나고야의정서가 발효되면서 해외 생물자원을 이용할 때는 생물자원의 접근에 관한 승인 절차를 지키고 적절하게 이익을 나누는 접근과 이익 공유 의무가 발생했다. 다른 국가의 유전자원에 접근할 때는 원산국의 승인을 얻고 해당 유전자원을 이용해 발생하는 이익을 원산국과 공유해야 한다는 것이 나고야의정서의 핵심 개념이다. 우리나라는 미백과 주름 개선 효능이 우수한 캄보디아 야생식물을 합법적으로 발굴, 분석해 산업화하고 향후 이익을 공유하는 유용 생물자원에 대한 이익 공유 계약을 체결한 바 있다. 우리나라의 생물다양성 관리에 관한 경험과 생물다양성 보전을 위한 지식을 다른 나라와 나누는 것은 협력국의 지속 가능한 발전과 생물다양성을 함께 지키는 길이다.

2010년, 전 세계는 생물다양성의 감소를 막기 위해 아이치 타깃(Aichi Target)이라는 20가지 공동 목표를 세웠다. 생물 서식지의 감소를 막고, 외래종 관리를 강화하며, 산호초와 같이 취약한 생태계를 보호하는 등의 직접적인 관리 목표뿐 아니라 생물다양성에 대한 이해를 높이고, 생물다양성과 국가 계획을 연계시키는 등 잠재적 요인에 관한 목표도 세웠다.

생물다양성 문제를 바라보는 바른 시각과 전 지구적 연대가 필요하다. 지구상의 모든 생명이 촘촘한 그물망으로 직간접적으로 이어져 있다는 사실을 잊지 말고, 하찮게 보이는 생명도 관심과 애정을 갖고 보살피면서 지구생태계와 생물다양성을 지켜야 한다. 과거에는 서구 열강들과 식민종주국이 일방적이고 약탈적인 방식으로 자원을 수탈했지만, 이제 해외에서 획득한 생물자원으로부터 생긴 이익을 공정하고 공평하게 원산지 국가와 공유하는 상생 협력에 앞장서야 한다.

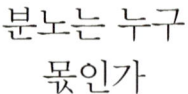

분노는 누구
몫인가

문제는 미사일이 아니다

감염병은 병원체인 미생물이 생물체에 옮아 증식해 일으키는 병을 이른다. 병원체가 우리 몸으로 들어와 갑자기 그 수가 늘어나는 것이 감염이고, 식중독균으로 인한 설사와 염증에 따른 폐렴 등 감염으로 인한 병이 감염병이다. 감염병은 남에게 항상 옮거나 옮기는 것은 아니다.

감염병 가운데 사람 간의 접촉, 물과 공기를 통해 감기처럼 누군가에게 옮을 수 있는 질병이 전염병이다. 전염병은 전염성을 가진 병들을 통틀어 이르는 말로 세균, 바이러스, 리케차, 스피로헤타, 진균, 원충 따위의 병원체가 다른 생물체에 옮아 집단으로 유행하는 병이다. 물이나 음식물에 의해 발생하는 수인성 전염병, 세균이나 바이러스 따위로 인해 급속히 유행하는 급성전염병 등이 있다. 하지만 일부 질병은 전염성이 매우 낮은데도 불구하고 전염병이라는 용어 탓에 불필요한 공포심을 일으켜, 보건복지부는 2010년부터 전염병 대신 감염병이라는 용어를 사용했다. 그러나 감염의 높은 전파력을 고려하면 전염병이라는 용어가 사람들에게 질병에 대한 경각심을 높일 수 있다.

2015년, 마이크로소프트의 창업자 빌 게이츠는 전염병 확산은 최악의 재난으로 전쟁 때와 같다고 했다. 그는 인류가 경계해야 할 것은 핵미사일이 아니라 천만 명 이상을 죽음에 이르게 할 수 있는, 전염성이 강한 인플루엔자 바이러스와 같은 미생물에 의한 전염병이라고 강조하면서 전 세계의 대응을 촉구했다.

역사를 뒤흔든 전염병들

구석기시대에 수렵과 채집 생활할 때 인류는 먹을 만큼만 사냥했고, 음식을 저장하지 않았으며, 잘 곳을 계속 옮겨 다녀 배설물에 오염될 가능성도 적었다. 그러나 신석기시대에 들어 가축과 함께 농사를 지으며 정착 생활하면서 인간은 면역이 없는 항원에 노출되면서 전염병을 겪었다. 인류는 정착 생활을 시작한 이래 바이러스가 유행할 때마다 생사의 갈림길을 넘나들었다. 1만 년 전후에 신석기혁명이 시작되었을 무렵 약 400만 명이던 세계 인구가 약 5,000년 전까지 500만 명으로 고작 100만 명 늘어난 것도 전염병의 영향이 크다.

전염병이 인류에 큰 피해를 준 사례는 많다. 전염병을 다룬 가장 오래된 기록은 기원전 5세기 투키디데스가 쓴 《펠로폰네소스전쟁사》다. 기원전 431년 그리스 아테네를 엄습한 괴질은 아테네 병력의 3분의 1 이상을 죽음에 이르게 해서 그리스의 패망을 이끈 원인 중 하나로 꼽힌다. 로마제국 시대였던 165~180년에는 천연두가 유행해 500만 명이 희생되었다.

중세 유럽에 대유행했던 흑사병(페스트)으로 1346~1352년 사이에 당시 유럽 인구의 3분의 1에 이르는 약 2,500만 명이 죽었으며, 유라시아 인구의 4분의 1이 넘는 7,500만 명 이상의 목숨을 앗아갔다. 14세기에 4억7,500만 명 정도였던 세계 인구는 흑사병이 지나간 뒤 3억4,500만~3억7,500만 명으로 줄었고, 이전 인구 수준을 회복하는 데 200년이 걸렸다. 흑사병은 1840년 마지막 유행할 때까지 반복해서 유럽을 괴롭혔다.

지중해의 국제무역항인 이탈리아 베네치아는 사람과 상품의 이동이 매우 활발한 탓에 흑사병이 잦았다. 베네치아 당국이 흑사병을 막기 위해 모든 선박을 입항 전에 40일간 먼바다에서 강제로 머물게 한 것이 검역의 기원이다. 흑사병은 2012년에도 아프리카 동쪽 인도양의 섬나라 마다가스카르에서 256건이 발병해 60명이 사망했고, 2017년에도 24명이 흑사병으로 숨졌다. 2019년에는 중국 네이멍구 자치구 시린궈러에서 쥐벼룩을 매개로 전염되는 흑사병으로 2명의 환자가 발생했다.

1529년 스페인 군대의 침략으로 멸망한 멕시코 고원의 고대 국가 아스텍은 전쟁보다 천연두로 사망한 사람이 더 많았다. 2,000만 명 정도였던 아스텍 인구는 1618년에는 160만 명으로 크게 줄어들었다. 1531년 168명에 불과한 프란시스코 피사로의 군대가 잉카제국의 8만 군대를 무너뜨린 것도 잉카인들이 천연두에 면역력이 없었기 때문이다.

전염병에 의한 희생자 수는 1618~1648년 사이 30년 전쟁 중에는 선페스트와 티푸스로 독일군 800만 명, 1665년에서는 런던 대역병으로 영국에서 10만 명이 사망했다. 1812년에 나폴레옹군이 러시아를 공격하는 동안 티푸스로 수십만 명, 1816~1826년에 콜레라로 인도와 중국 등에서 1,500만 명이 사망했으며, 1852~1860년까지 중국·일본·필리핀·한국·중동 등에서의 2차 아시아 대역병(콜레라), 1881~1896년에 유럽과 러시아 콜레라로 80만 명이 희생되었다. 1865~1917년에는 3차 아시아 대역병으로 200만 명, 1889년과 1890년 사이에는 중앙아시아에서 시작한 아시아 독감으로 100만 명, 1899~1923년에 러시아에서 콜레라로 50만 명, 1902~1904년에 4차 아시아 대역병으로 인도와 필리핀 100만 명, 1918~1922년에 러시아에서 티푸스로 300만 명 등 전염병으로 많은 희생자가 발생했다.

1918년과 1919년 사이에도 스페인 독감으로 인해 2,000~5,000만 명이 사망했는데, 이는 1914~1918년의 제1차 세계대전으로 사망한 군인 약 2,500만 명이나 1939~1945년에 발발한 제2차 세계 대전 중 사망자 4,000~5,000만 명에 뒤지지 않았다. 1957년과 1958년에는 아시아 독감으로 전 세계적으로 200만 명, 1968년과 1969년 홍콩 독감으로 모두 100만 명이 사망했다.

21세기에 들어 세계적으로 발병한 주요 전염병은 2002년 중증 급성호흡기증후군(사스), 2009년 신종플루, 2012년 중동호흡기 증후군(메르스), 2013년에는 A형 조류독감, 2014년 에볼라, 2014 년 야생형 소아마비, 2015년 지카바이러스, 2019년의 코로나19가 대표적이다. 2019년 중국 우한에서 발병한 코로나19는 짧은 시간에 전 세계로 퍼져 나가면서 2020년부터 지구촌에 범유행병(팬데믹)으로 대유행해 공포를 불러왔다. 2026년 3월 기준 세계보건기구 등에 보고된 전 세계 누적 사망자 수는 약 711만 명을 넘어섰다.

2015년 8월 시베리아의 영구동토층에서 발견된 3만 년 전의 바이러스가 화석 상태가 아니라 살아 있다고 해서 잠재적인 위험이 논란거리였다. 지구온난화가 영구동토층 아래에 있는 지질시대 바이러스를 잠에서 깨어나게 해 무서운 질병을 가져올지 모른다는 걱정은 기후변화의 또 다른 부작용을 실감하게 한다.

모기의 역습

모기는 파리, 바퀴벌레 등과 함께 인류를 가장 오랫동안 귀찮게 하는 존재다. 모기는 말라리아와 뇌염 등 질병을 일으키는 대표적인 감염병 매개체다. 전문가들은 모기가 창궐하게 된 원인으로 기후변화를 꼽고 있다. 근래 들어 모기의 활동 기간에도 지구온난화가 영향을 주는 것으로 밝혀졌다. 비영리 연구기관 클라이밋 센트럴에 따르면 2023년 미국의 연간 모기 발생 일수는 1979년보다 평균 약 2주 정도 늘었다. 샌프란시스코와 시애틀 등 10곳에서는 약 40년 전보다 모기가 한 달 넘게 더 살았다. 미국 내 250개 지역 중 70% 이상이 모기가 서식하기 좋은 환경으로 바뀌었다.

동남아시아에서 흔한 뎅기열이 2004년 처음 네팔에서 발병한 뒤 최근에는 해발 1,400m의 카트만두 계곡에서 2,000여 명의 환자가 발생하는 등 고지대에 확산하면서 우려가 커졌다. 뎅기열이 퍼진 것은 고지대까지 도로가 생기면서 모기들이 원래의 서식지를 벗어나 옮겨왔고, 장마와 기온 상승, 급속한 도시화와 인구이동이 복합적으로 작용해 피해를 키웠다.

지구온난화가 진행되면서 세계의 지붕으로 불리는 히말라야 산맥 네팔 일대에서도 모기가 왕성하게 번식하면서 말라리아 같은 모기 매개 질병 환자가 늘고 있는 것은 히말라야의 연평균 기온이 10년마다 0.32도씩 높아지는 것과 관련된다.

미국 조지타운대 연구팀에 따르면 아프리카에서 모기의 서식 범위는 연평균 약 6.5m, 10년에 약 61m 이상씩 고지대로 넓어지고 있다. 이에 대해 연구팀은 "지구온난화로 인한 기온 상승과 열대 동태평양 표층 수온이 평년보다 높아지는 엘니뇨 현상 때문"이라고 설명했다.

우리나라는 모기가 매개하는 질병을 방제하기 위해 다양한 노력을 하고 있으며, 그중 하나가 겨울 모기 방제사업이다. 겨울철에 모기 유충 한 마리를 없애는 것은 모기 성충 500마리를 제거하는 효과가 있다. 겨울철 모기와 유충은 아파트 지하실, 정화조, 배수구 등 제한된 공간에 숨어들어 박멸하기에 효과적이다.

사람과 동물 사이를 오가는

전염병은 감염원과 전염 범위에 따라 구분할 수 있다. 펜데믹, 즉 범유행병은 광범위한 영역에 걸쳐 퍼지는 전염병이다. 세계보건기구에 따르면 범유행병은 많은 이들에게 갑자기 심각한 증상을 일으키는 질병이 발생해 사람들 사이에서 쉽게 퍼지는 전염병이다. 세계 여러 곳에서 발생하는 유행병(에피데믹)은 범유행병처럼 대륙을 넘나드는 넓은 영역에 걸친 것은 아니지만, 비교적 넓은 영역에 퍼지는 전염병이다. 복합 유행병(신데믹)은 두 개 이상의 질병이 결합해서 퍼지는 전염병이다. 토착 유행병

(엔데믹)은 외부에서 유입되지 않고 그 지역 내 감염원에 의해 옮겨지는 풍토성 전염병이다. 역병은 전염병을 가리키는 일반적인 명칭이지만 주로 유럽에 유행했던 선페스트(흑사병)를 가리킨다. 감염병은 바이러스, 박테리아, 세균, 원생생물, 다세포 기생생물에 의해 옮겨지는 질환 모두를 이른다.

신종 바이러스 전염병은 대부분 야생동물로부터 유래한다. 숲의 개발, 독특한 식문화와 생활양식, 도시화, 교통 발달, 첨단과학의 진보로 과거에는 접촉이 없었던 야생동물과의 접촉이 많아지면서 인간이 바이러스에 노출된다. 처음에는 동물끼리만 감염되다가 가축과 인간의 접촉 횟수가 늘면서 인간에게도 감염되는 형태로 변했다. 동물에서 인간으로 전염되는 스필오버(spill over) 현상이 잦아지면서 거의 매년 전염병이 발생한다.

생물학적 침입자인 바이러스에게 날개를 달아준 것은 개발에 따른 야생동물의 서식지 파괴와 교란, 밀렵과 불법 거래, 야생동물과의 잦은 접촉, 바이러스를 쉽게 퍼트리는 세계화에 따른 인류의 잦은 이동, 기후변화 등이다. 우리가 겪고 있는 기후변화, 미세먼지, 미세플라스틱, 환경오염, 전염병의 창궐 등은 우리가 원인을 제공했으며, 그 피해 역시 우리가 겪고 있다.

반려가 되지 못한
동물

야생동물의 잔혹사

20세기 초반까지 지구상에는 10만 마리가 넘는 야생 호랑이가 서식했던 것으로 알려졌지만 그중 95%가 이미 사라졌다. 전 세계에 약 5,574마리가 사는 것으로 추정되는 멸종위기종 호랑이들 중 연평균 150여 마리가 장식용이나 약재용으로 밀거래된다. 인도의 호랑이 보호구역 50곳에는 전 세계 호랑이들 중 80%인 약 3,000마리가 서식한다. 밀렵과 서식지 축소로 인해 이미 개체 수 감소가 시작된 벵골호랑이가 앞으로 50년 이내에 지구상에서 완전히 사라질 수 있다는 주장도 있다. 해마다 1만㎢ 정도에 걸친 벵골호랑이 저지대 서식지는 빠른 속도로 줄어들고 있고, 해수면의 상승으로 서식지가 바다에 잠기기도 한다. 새 영역을 찾아 나선 젊은 벵골호랑이가 5달에 걸쳐 1,300㎞를 이동했다는 보고도 있다.

우리나라에서는 1922년 경상북도 경주 대덕산에서 대호(大虎)가 사살된 데 이어 1924년 강원도 횡성에서 남한 지역의 마지막 야생 한국호랑이가 포획되었다. 1932년 함경남도 정평에서 포획된 길이 2.65m의 호랑이는 한반도에 남았던 마지막 호랑이로 추정된다. 1935년에 발간된 《한국야생동물지》에 백두산에 호랑이, 표범, 스라소니, 곰과 같은 맹수가 있었다는 기록을 보면 1930년대 말까지는 한반도에 호랑이가 살았던 것으로 여겨진다.

현재 우리나라 산에서 먹이사슬의 최상위 포식자 포유류는 반달가슴곰, 멧돼지, 삵, 담비다. 전남 지리산에서 이동한 것으로 추정되는 멸종위기 야생생물 I급인 반달가슴곰이 북쪽에 있는 전북 덕유산 인근 삼봉산에서 발견되기도 했다. 지리산에 방사되었던 2015년생 수컷 반달가슴곰 오삼이는 2018년에 지리산을 벗어나 경북 김천 수도산까지 90㎞를 이동하던 중 대전-통영 고속도로에서 교통사고를 당해 왼쪽 앞다리가 골절되는 중상을 입었으나 골절 수술 후 다시 방사되었다. 그러나 2023년 6월 경북 상주 인근 민가에 나타나 안전사고 예방을 위해 포획을 시도하던 중 마취총을 맞고 이동하다가 계곡에서 익사한 채 발견되었다.

최근 멧돼지 개체수는 서울을 비롯한 수도권뿐만 아니라 전국적으로도 증가하는 추세다. 산림 지역 최상위 포식자로 자리 잡은 멧돼지의 개체수가 크게 늘어 도시까지 출몰하면서 주민의 안전을 위협한다. 멧돼지가 서울에서 눈에 띄게 늘어난 것은 호랑이와 표범이 멸종된 뒤 최상위 포식자 자리를 차지했고 서식지와 먹이 경쟁에서 밀린 일부가 도시로 진출했기 때문이다. 멧돼지는 무엇이든 잘 먹는 잡식성 동물로 개체수가 늘자 지렁이와 두더지뿐만 아니라 채소나 과일 등 농작물까지 먹어 유해야생동물로 지정되었다. 멧돼지는 생후 1년이 지나면 적게는 3~4마리에서 많게는 12마리까지 새끼를 낳는 등 번식력이 뛰어나다. 야생 멧돼지는 공격성이 있고 아프리카돼지열병의 가장 핵심적인 전파 매개체로 지목되어 관리 대상이 되었다.

정부가 유해야생동물로 지정해 관리 중인 야생동물은 포유류 6종, 조류 11종을 포함해 모두 17종이다. 포유류는 인가 주변에 출몰해 사람이나 가축에게 위해를 주거나 위해 발생의 우려가 있는 멧돼지, 멸종위기의 야생동물을 제외한 맹수류, 일부 지역에 서식 밀도가 높아 농림수산업에 피해를 주는 고라니, 청설모, 두더지, 쥐류 등이다. 조류 중에는 장기간에 걸쳐 무리를 지어 농작물과 과수에 피해를 주는 꿩, 멧비둘기, 참새, 까치, 어치, 직박구리, 갈까마귀·떼까마귀를 포함한 까마귀, 일부 희귀종을 제외한 오리류, 2024년 공식 추가된 민물가마우지 등이다. 오리류 중에서 원앙, 황오리, 알락쇠오리, 뿔쇠오리 등은 개체수가 많지 않은 데다 피해 범위가 넓지 않아 제외된다.

생태계교란생물은 외국으로부터 인위적 또는 자연적으로 유입되어 생태계 균형에 교란을 가져오거나 가져올 우려가 있는 야생생물을 말한다. 현재 생태계교란생물로 포유류(뉴트리아), 양서류(황소개구리) 파충류(붉은귀거북·늑대거북), 어류(블루길·큰입배스·브라운송어), 곤충류(붉은불개미·등검은말벌·갈색날개매미충), 무척추동물(미국가재·중국줄무늬목모기), 식물(돼지풀·가시박·환삼덩굴·단풍잎돼지풀) 등이 지정되었다. 들고양이와 들개 등 야생화된 동물도 당장 사람에게 직접적인 피해를 주지 않지만 장기적으로 악영향을 미칠 수 있어서 관리가 필요하다.

생태통로는 도로, 건축물, 댐 등으로 인해 야생동물의 서식지가 단절되는 것을 막기 위해 사람이 만들어준 길이다. 생태통로는 야생동물 찻길 사고가 자주 일어나는 지역이나 생태학적으로 중요하고 인접한 생태계를 연결하는 생태축이 필요한 곳에 터널이나 육교 형태로 설치한다. 국립공원의 생태통로를 이용하는 야생동물이 꾸준히 늘면서 생태통로는 단절되거나 훼손된 생태계가 되살아나는 데 도움을 준다.

국립공원공단 조사에 따르면 2015년부터 5년간 국립공원에 설치된 생태통로를 이용한 야생동물은 고라니, 멧돼지, 노루, 다람쥐, 곤줄박이, 꿩과 멧비둘기를 비롯해 모두 69종이다. 멸종위기야생동물로는 1급인 반달가슴곰, 산양, 수달과 2급인 담비, 삵, 하늘다람쥐, 무산쇠족제비, 참매 등 8종이 관찰되었다. 오고 간 횟수가 가장 많은 포유류는 1만503회의 고라니와 1만154회에 이르는 멧돼지였다. 장소별로는 설악산 한계령 생태통로의 이용 횟수가 7,994회로 가장 많았다.

육식과 가축 문제

　가축이 전염병을 일으키는 병원체를 인간에게 전파한 역사는 오래되었다. 유라시아 대륙에서 인간이 수렵과 채취를 하던 구석기시대의 유목 생활을 그만두고 신석기시대에 들어 작물을 재배하고 가축을 재배하며 정착하는 농경 생활로 삶의 방식을 바꾸면서 고병원성 살모넬라를 스스로 진화시켰다. 초기 정착인들이 가축을 곁에 두고 생활하면서 가축과 인간의 배설물이 뒤섞이면서 인간의 먹을거리가 오염되었다. 어떤 동물 숙주에 기생하고 있던 살모넬라균이 인간의 소화기를 통해 인간의 몸속으로 들어오고, 인체 내에서 적응한 병원균은 다른 동물에게 전염된 뒤 다시 인간에게 병을 옮기는 순환고리가 이어졌다.

　가축을 기르는 축산업은 전체 농업생산액의 약 40~45%를 차지하며 핵심적인 위치에 있다. 전체 농산물 생산액 순위에서 상위 5위권에 돼지(생산액 1위), 쌀, 한우, 우유, 닭/달걀 등 축산물이 차지할 정도로 소비량도 많다.

　우리나라 사람들이 해마다 소비하는 고기의 양은 지난 33년 동안 278%로 4배 정도 늘었다. 1980년 11.3kg에 그쳤던 1인당 육류 소비량은 1985년 14.4kg, 1990년 19.9kg, 2000년 31.9kg, 2010년 38.8kg, 2020년 54.3kg으로 크게 늘었다. 육류별 소비량 증가율은 닭고기가 2.4kg에서 11.5kg으로 379.2% 증가해 가장 두드러졌고, 소고기는 2.6kg에서 10.3kg으로 296.2%, 돼지고기는 6.3kg에서 20.9kg으로 231.7% 늘었다.

같은 기간 동안 채소는 120.3kg에서 170kg으로 41.3%, 과일은 22.3kg에서 63.2kg으로 183.4%, 달걀은 119kg에서 242kg으로 소비량이 103.4% 늘었으나 증가하는 폭은 육류에 미치지 못했다. 반면에 1인당 연간 쌀 소비량은 1980년 132.4kg, 2013년 67.2kg, 2020년 57.7kg으로 크게 하락했다. 식생활이 서구식으로 바뀌면서 육류 섭취가 증가하는 대신 쌀의 소비는 급격히 줄었다.

고기가 식탁에 오르기까지

육류 소비가 증가하면서 고기를 공급하기 위해 가축을 대규모로 기르기 위해 사료 곡물과 목초를 수입하고 있다. 축산업이 활발해지면서 사료를 공급하기 위한 열대우림 파괴, 기후변화, 가축 질병의 창궐, 수질오염, 악취, 해충 발생 등 사회적인 문제가 끊이지 않는다. 고기를 더 많이, 더 싸게 먹기 위해 인류가 만든 대규모 공장식 축산은 가축의 건강에도 좋지 않고 기후변화, 환경오염, 식량 부족, 가축 전염병이라는 여러 부작용을 낳았다. 공장식 축산은 오염된 사료, 항생제와 살충제 남용, 대규모의 가축 살처분, 유전자 변형 가축 문제를 가져왔고, 그 피해는 최종적으로 소비자의 몫이 되었다.

공장식 축산업은 기후변화의 가장 큰 원인 가운데 하나다. 전 세계 온실기체 배출량 가운데 18%는 공장식 축산으로 인해 배출된다. 되새김하는 동물인 소가 트림하면서 내뿜거나 배설물에서 나오는, 지구온난화를 부추기는 메탄가스는 대표적인 온실기체다. 이에 비해 자동차와 비행기 등 수송 수단으로 발생하는 온실기체가 차지하는 비율은 14%다.

세계적으로 육류 소비가 늘면서 생겨나는 사람들의 급증한 국민 건강도 논란거리다. 육류와 축산물에 잔류하는 항생제와 성장촉진제, 방부제는 어린이의 성조숙증, 항생제 잔류 등의 건강 문제를 인간에게 남겼다. 아울러 현대인의 고민거리인 비만, 혈관 질환, 당뇨는 전 세계적인 골칫거리다. 한 곳에서 가축을 많이 기르면서 축산분뇨 때문에 수질과 토양이 오염되고, 악취가 퍼지는 것은 물론 모기와 파리 등 해충들은 전염병을 전파한다. 고병원성 조류 인플루엔자, 구제역, 브루셀라병, 아프리카돼지열병 등 가축 전염병은 사회적 불안 요소가 되었다.

고기를 얻기 위해 사료를 먹여 기르는 가축은 식량 부족을 부추긴다. 세계적으로 사육하는 소 12억 마리는 지구에서 생산하는 곡물의 3분의 1을 먹어 치운다. 소에게 곡물 9kg을 먹여 얻을 수 있는 고기의 양은 450g에 불과할 정도로 소의 단백질 전환율은 돼지의 절반, 닭의 3분의 1에 불과하다. 소고기를 생산하는 것은 콩 재배보다 단백질 1g당 20배 많은 탄소를 배출한다. 지금도 지구상에 존재하는 12억8,000만 마리 소들을 기르기 위해 세계 토지의 24%가 사용되고 있다.

우리나라에서 사육하는 가축 마릿수는 한우와 육우 약 342만 마리, 돼지 약 1,104만 마리, 알 낳는 닭 7,700~7,900만, 고기용 닭 9,000만~1.1억, 젖소 약 37만 마리, 오리 700~1,000만 등이다. 육류 소비량이 늘어날수록 목초와 사료용 곡물을 생산하기 위한 경작지를 만들면서 숲은 파괴되고, 온실기체는 증가하며, 물과 토양은 오염된다. 가축의 분뇨에서는 이산화탄소보다 지구온난화 지수가 21배나 높은 메탄가스가 배출된다. 일상에서도 고기를 굽고 튀기면서 배출한 연기가 다음 날 초미세먼지가 되어 대기를 오염시키는 침묵의 살인자로 우리를 위협하는 일이 반복된다.

소의 평균수명은 20~30년, 돼지는 10~15년, 닭은 7~13년 정도이지만, 우리나라에서는 소는 30개월 내외, 돼지는 6개월 내외, 닭은 35일 정도 길러 도축한다. 양계장의 닭들은 짧은 일생을 A4 용지 한 장 정도 넓이의 우리에 갇혀 살다가 평균수명보다 매우 짧은 한 달 정도의 생을 마감한다. 좁은 공간에 가축을 가두어 사료를 먹여 사육하면서 구제역, 조류 인플루엔자, 돼지열병과 같은 가축 전염병이 끊이지 않는다. 가축 전염병이 발병하면 엄청나게 많은 가축을 살처분이라는 이름 아래 생매장해 죽이기를 반복한다. 살아 있는 생명체를 죽이는 생명윤리, 지하수와 토양오염에 관심을 가진 사람은 많지 않고 애써 외면하거나 쉽게 잊는 것이 현실이다.

사회재난은 화재, 붕괴, 폭발, 교통사고, 환경오염 사고, 감염병, 가축 전염병, 미세먼지, 국가기반체계의 마비를 뜻한다. 사회재난은 자연 재난처럼 발생을 예측하기가 어렵다. 2009~2018년 사이 10년 동안 우리나라에서 발생한 사회재난은 94건에 이르며, 그 가운데 가축 전염병에 의한 경제적 피해 규모가 가장 크다. 가축 전염병에 의한 경제적 피해액은 2조2,027억 원으로 전체 사회재난 재산 피해액의 78.5%를 차지했다. 재산 피해가 가장 컸던 해는 구제역이 창궐한 2010년으로, 당시 사회재난으로 인한 재산 피해액 1조9,560억 원 중 99.9%인 1조9,553억 원은 가축 전염병 피해다. 고기를 먹기 위해 치르는 대가치고는 엄청난 비용을 부담한 것이다.

전 지구적으로 축산이 늘면 지구온난화뿐 아니라 건조기후와 물 부족 현상으로 아시아 지역에서만 1억 명 이상이 식량 부족에 따른 고통을 겪는다. 육류 소비를 줄이고 될 수 있으면 육류 대신 곡물과 채소를 소비하는 것은 기후변화를 완화하고 기아, 건강한 삶, 맑은 물, 자연 생태계 보전 등 현대사회가 당면한 문제를 해결하는 지름길이다. 건강한 신체는 지구생태계를 배려하는 건강한 마음에서 시작한다.

혐오와 공생
사이에서

✿

박쥐는 왜 혐오 대상이 되었을까

코로나바이러스는 아데노바이러스, 리노바이러스와 더불어 감기 증상을 일으키는 3대 바이러스의 하나다. 2019년부터 시작해 전 세계를 공포와 혼돈으로 몰아간 코로나19를 인류에게 전파한 것으로 추정되는 동물은 박쥐다. 박쥐는 종다양성이 높고 특이한 면역력으로 대표적인 신종 인수공통 바이러스를 여럿 보유하고 있다. 천산갑에서 검출된 바이러스의 유전자 배열이 코로나19와 99% 일치한다는 보고도 있다. 천산갑은 긴 주둥이로 개미를 잡아먹는 포유동물로 고기와 비늘이 거래되며, 전통 중의학에서 피부질환과 월경 장애, 관절염의 전통 치료제로 사용했다.

박쥐는 약 5,000만 년 전부터 다양한 종으로 분화해 전 세계적으로 약 1,000종이 살며, 설치류 다음으로 종다양성이 큰 포유류다. 박쥐는 전체 포유류 종수의 5분의 1을 차지하며, 유일하게 하늘을 나는 포유류다. 야행성인 박쥐는 극지방을 제외한 모든 대륙의 숲과 인가, 농가 부근, 동굴, 폐광 등에 서식하며, 1년 중 길게는 절반 이상을 겨울잠으로 보낸다. 국내에는 관박쥐, 붉은박쥐, 작은박쥐를 비롯해 20여 종이 살고 있으나 논과 밭에서 살충제를 많이 뿌려 곤충이 줄고 폐광이 사라지면서 개체수가 크게 줄었다.

　몸무게가 7~9g인 박쥐는 매일 밤 평균 1~3g의 해충을 잡아먹어 곤충의 개체수를 조절하고 식물의 꽃가루받이에도 필요한 이로운 동물이다. 박쥐 한 마리가 매일 3,000마리 정도의 모기를 잡아먹으며, 멸강나방, 혹명나방, 흰등멸구 등 벼 해충을 잡아먹어 농촌에서 살충제 사용을 줄여준다. 열대에 서식하는 과일박쥐는 바나나, 아보카도, 망고의 꽃가루받이를 돕는다. 과학자들은 지구상에서 절대로 사라져서는 안 되는 5가지 생물로 영장류, 박쥐, 벌, 균류, 플랑크톤을 꼽는다.

　박쥐는 바이러스를 몸에 많이 지녀도 염증 반응을 일으키지 않는 독특한 면역체계를 지니고 있다. 박쥐는 사람보다 인터페론 유전자 갯수가 훨씬 적으나 항바이러스 단백질인 인터페론이 늘 활성화되어 바이러스를 몸에 지닌 채로 별 탈 없이 살 수 있다. 2003년 중국을 덮친 사스, 2014년 아프리카 중부 콩고민주

공화국에서 시작된 에볼라, 2012~2015년 중동과 우리나라를 휩쓴 메르스의 근원은 박쥐이며, 2019년 중국에서 시작된 코로나19 역시 박쥐에게서 퍼진 것으로 보고 있다. 사스는 관박쥐와 사향고양이, 에볼라는 큰박쥐류, 메르스는 이집트무덤박쥐와 낙타가, 코로나19는 중국관박쥐와 천산갑이 잠정적인 감염원으로 알려졌다.

박쥐류는 156종의 인수공통 바이러스를 지니고 있어서 183종의 바이러스를 지닌 설치류 다음으로 체내 바이러스가 많다. 박쥐는 1967년 독일에서 첫 환자가 보고된 마르부르크바이러스(아프리카출혈열), 1998년 말레이시아에서 발견된 니파바이러스, 1994년 호주에서 알려진 헨드라바이러스의 보균체다. 박쥐가 가진 바이러스는 대부분 사람에게 옮기지 않지만, 에볼라와 메르스, 코로나19처럼 돌연변이가 발생하면 사람과 짐승에게 전염되는 인수공통 바이러스가 된다.

날씨가 추워지고 먹이가 사라지면 일부 동물은 가을 동안 비축한 지방을 에너지원으로 겨울잠을 자며, 수분을 공급받지 못하면 목숨을 잃을 수 있다. 우리나라에 널리 서식하는 관박쥐는 12~3월 사이 동굴이나 폐광 속에서 겨울잠을 자다 수시로 깨어난다. 겨울잠을 자다가 주기적으로 깨어나는 것은 비축한 에너지의 80%를 소모하기 때문에 매우 큰 일이며, 수분 부족은 치명적이다. 관박쥐가 서식하는 습도 70~80%의 환경에서는 체온 때문에 수분이 증발해, 물 없이 생존할 수 있는 기간은 9~12일 정도다. 따라서 박쥐는 겨울잠을 자는 동안에도 15일마다 깨어나 물을 찾는다.

박쥐는 밤에 물이나 숲 위를 날며 모기를 비롯한 해충을 잡아먹고 사는 이로운 동물이며, 야생 상태의 박쥐는 사람에게 해를 끼치는 일이 거의 없다. 그러나 개발 때문에 숲을 비롯한 박쥐의 서식지가 파괴되고 먹이가 없어지자 경작지나 과수원에서 곤충과 과일을 먹으면서 사람과 접촉이 늘었다. 일부 문화권에서 박쥐를 한약재나 식용재료로 사용하면서 박쥐의 몸에 있던 바이러스와 사람이 직접 접촉하고, 이 결과 바이러스성 질병이 전파되었다.

환경변화의 신호, 철새와 텃새

우리나라에는 계절에 따라 남과 북에서 다양한 종류의 철새가 찾아온다. 텃새는 사계절 내내 한 지역에서 살아가지만, 철새는 계절에 따라 번식지와 월동지를 이동하며 생활한다. 우리나라에서 기록된 조류는 약 540여 종으로, 이 중 10% 정도의 텃새를 제외한 나머지 종은 특정한 시기에만 우리나라를 찾는 철새다.

우리나라의 철새는 여름 철새, 겨울 철새, 통과 철새가 있다. 여름 철새는 제비, 뻐꾸기, 꾀꼬리, 백로 등 봄에 우리나라를 찾아와 번식하고 가을이 되면 따뜻한 남쪽 지역으로 이동해 겨울에는 볼 수 없다. 겨울 철새는 기러기, 두루미, 고니, 가창오리, 흰뺨청둥오리, 독수리처럼 북쪽 지역에서 번식하고 가을이 되면 날아와 겨울을 보낸 후 봄이 되면 번식지인 북쪽으로 되돌아간다. 통과 철새는 우리나라보다 북쪽의 번식지에서 여름을 보내고, 우리나라보다 남쪽의 월동지로 이동해서 겨울을 보낸다. 번식지와 월동지를 오가면서 우리나라에는 봄과 가을에만 잠시 머물다가 이동하는데, 봄과 가을 서해안 갯벌에서 볼 수 있는 알락꼬리마도요, 붉은어깨도요, 흑꼬리도요, 노랑발도요 등 도요새류와 물떼새가 대표적인 통과 철새다.

먼 거리를 이동하는 한 종의 철새를 보호하려면 국경을 초월해 번식지, 중간 기착지, 월동지를 모두 보호해야 한다. 서식지를 종합적으로 보호하려면 사계절 동안 철새가 어떻게 이동하고 어느 지역에서 서식하는지 알아야 한다. 새는 기후변화와 생태계 오염 등 환경변화를 알려주는 대표적인 지표생물로, 우리 주변의 철새에서 관찰되는 변화는 기후, 수질, 생태계, 서식지의 변화를 알려주는 간접적인 신호다.

북한 황해도와 중국 산둥반도를 마주보는 인천광역시 옹진군에 있는 소청도는 철새가 서해를 최단 거리로 이동할 수 있는 곳으로, 이곳에서 봄과 가을에 서해를 건너 이동하는 철새를 많이 관찰할 수 있다. 소청도에서 기록된 조류는 벌매, 조롱이, 비둘기조롱이, 붉은배새매 등 맹금류, 벌새, 지빠귀, 딱새, 멧새 등 아주 작은 새, 검은머리촉새, 푸른머리조롱이 등 육지에서는 보기 힘든 희귀한 길잃은 새를 포함해 우리나라에 기록된 조류의 약 60%에 이르는 328종이다.

러시아와 몽골에 서식하는 독수리 중 2,000마리가량은 10월쯤부터 월동을 위해 경상남도 고성·김해·창녕, 경기도 파주, 강원도 철원에 찾아온다. 겨울에도 물과 먹을거리가 있는 농촌의 평야는 이들에게 중요한 서식지다. 그러나 국내 야생에는 독수리의 먹이인 동물 사체가 부족해 사람들이 먹이를 주곤 하는데, 아프리카돼지열병으로 독수리에게 돼지 사체를 주는 것이 금지되자 돼지고기 대신 소고기와 닭고기를 주기 시작했다.

독수리에게 먹이를 주는 것은 이들이 먹이를 찾지 못하고 굶주리는 것을 보다 못해 취한 조치다. 먹이 주기를 중단하면 이들이 흩어지면서 바이러스 전파 가능성을 키울 수 있다는 주장도 있다. 자연과 인간이 공생하기는 쉽지 않지만, 그래서 더욱 함께 살면서 서로를 이롭게 하는 지혜와 노력이 절실하다.

동물과 공생은 어려울까

우리 식탁에 올라오는 커피, 차, 코코아, 열대과일, 기름뿐만 아니라 육류까지 열대나 아열대 지역에서 생산된 것이 많다. 말레이시아에서는 열대우림을 베어내고 고무나무를 심으며, 인도네시아에서는 열대우림을 벌목하거나 불로 태운 뒤 기름야자나무 농장인 플랜테이션에서 식물성기름인 팜유를 생산한다.

동남아시아에서 숲을 사람에게 빼앗긴 원숭이들이 농장의 야자열매를 따 먹어 농민들의 불만이 많은 적이 있었다. 그러나 원숭이는 기름야자나무에 가장 큰 피해를 주는 쥐를 많이 잡아먹는다. 평균 44마리를 이루는 원숭이 무리가 연간 소비하는 야자는 12톤으로 전체 생산량의 0.56%이지만, 쥐들이 기름야자를 먹는 양의 10%에도 미치지 못한다. 원숭이 한 무리는 연간 3,000마리가 넘는 쥐를 잡아먹는다. 사람과 원숭이가 더불어 살면서 공동의 적인 쥐를 제어하는 삶의 방식은 서로에게 이익이 된다.

기름야자나무 농장이 확대되면서 열대우림의 원래 주인이었던 오랑우탄이 서식지와 먹이 부족으로 개체수가 크게 줄어 국제적인 주목과 비난을 받고 있다. 플랜테이션을 설계할 때 주변의 열대우림을 보전하면서 야생동물이 오가는 생태통로를 만들면 자연림의 생물다양성을 유지하며 상생하면서 기름야자 농장의 생산성을 함께 높일 수 있다.

충북 청주시 청주동물원은 곰 농장에서 구출된 반달가슴곰들의 실질적인 안식처다. 안식처란 위급하거나 고통스러운 환경에 놓여 있거나 야생으로 돌아가기 힘든 상태의 동물을 보호하는 시설이다. 영리적인 목적으로 사육되다가 도축 위기에 처해 있던 곰이 시민들의 모금으로 구조되는 일도 적지 않다. 집 안에서 함께 사는 반려동물과 식물을 사랑으로 보살피듯 서식지를 빼앗긴 반달가슴곰을 거두어 기르는 것도 야생동물과 사람이 공생하는 방법의 하나다.

서울 같은 대도시의 건물과 인공구조물 때문에 많은 야생동물이 목숨을 잃는다. 이들 야생동물을 구조하는 서울시야생동물센터에 따르면 2017~2019년 사이에 서울에서 구조된 야생동물은 조류 1,656마리, 포유류 357마리, 파충류 22마리 등 2,000마리 이상이다. 162마리로 가장 많이 구조된 포유류인 너구리는 서울 곳곳의 산과 공원에 넓게 서식하는데, 개선충 감염 등 심각한 질병을 앓기도 한다. 족제비도 81마리로 자주 구조되는 포유류다.

조류는 집비둘기 386마리, 까치 189마리, 멧비둘기 148마리가 구조된다. 대도시의 집비둘기는 병균을 옮길까 접근을 꺼리는 혐오의 대상이지만 동시에 뛰어난 청소부다. 도심 길거리에 버려지는 과자 부스러기 등은 비둘기의 몫이다. 이들이 없다면 당장 도심 거리의 과자 쓰레기는 쥐들의 몫이 되고 그로 인해 각종 병원균이 도시의 거리 위로 옮길 수 있다. 이런 도시의 비둘기들이 발에 머리카락이나 끈이 걸려 혈관이 막히고 괴사가 일어나 발이 불구가 되는 일이 흔하다. 육식성의 사나운 조류인 맹금류로는 절벽과 비슷한 형태의 고층빌딩에 둥지를 트는 황조롱이가 가장 많이 구조되었는데, 그 수는 102마리에 이른다. 드물게 벌매와 수리부엉이까지 도심에서는 보기 힘든 멸종위기종이 구조되기도 한다.

서울에서 야생동물이 구조된 원인으로는 어미를 잃은 미아가 635건으로 가장 많았다. 봄철에 조류나 포유류 등은 둥지를 옮길 때 어미가 먼저 이동할 곳을 살피러 가거나 새끼를 한꺼번에 데려갈 수 없을 때 일부를 남겨 놓고 이동하기도 한다. 이때 새끼를 발견한 사람이 어미를 잃거나 버려진 것으로 오해하고 데려가면 새끼는 어미와 영영 멀어진다. 새끼 동물을 발견하면 자리를 비켜주거나 멀리서 지켜봐야 한다. 어린 야생동물을 살리는 가장 좋은 방법은 서툰 도움이 아닌 어미의 보살핌이다.

양털, 캐시미어, 토끼털, 오리털, 거위털, 라쿤 털, 여우 털, 밍크 털, 가죽 등 동물성 재료는 겨울옷에 널리 사용한다. 동물성 재료를 사육하거나 포획하는 과정에 동물에게 피해를 주며, 동물의 가죽이나 털을 가공할 때 사용하는 화학물질은 환경에도 부담이 된다. 합성섬유를 생산하기 위해 재생 불가능한 화석연료가 사용되고, 다양한 염색으로 인한 수질오염이 뒤따르며, 합성섬유는 자연적으로 분해되지 않는다. 가장 바람직한 소비는 유행을 추구하는 패스트 패션이 아니라 산 옷을 오래 입는 것이다.

2019년에 영국 엘리자베스 2세 여왕은 동물의 털로 만든 옷을 입지 않고 인조 모피를 사용할 것이라고 선언했다. 모피를 만들기 위해 전 세계적으로 연간 1억여 마리의 동물이 목숨을 잃는다. 동물권에 대한 의식 변화와 그에 따른 소비자의 취향이 바뀌면서 천연모피는 외면받고 있다. 미국의 유명 백화점들도 2021년까지 천연모피 판매를 중단하고, 명품 생산업체들도 천연모피 상품을 포기했다. 미국 캘리포니아 주는 동물 학대를 막기 위해 미국 주 정부 최초로 천연모피 제품을 만들거나 팔지 못하게 하는 법률을 제정했다. 소비자의 건전한 소비생활이 생산자와 공급자를 바꿀 수 있고 최종적으로는 멸종위기에 있는 자연생태계도 보전할 수 있다.

원헬스(One Health)는 사람과 동물, 생태계의 건강이 하나로 연결되어 있다는 개념으로, 동물과 환경이 건강해야 그곳에 사는 사람도 건강하다는 인식이다. 자연생태계를 구성하는 땅, 공기, 물, 동식물과 사람을 서로 연계해 하나의 원헬스 시스템으로 보면서 자연의 권리를 존중하면 생물다양성을 보전할 뿐만 아니라 전염병을 비롯한 보건 문제도 예방할 수 있다.

숲은
왜
필요한가

아낌없이 주는
숲

생물다양성의 그릇

과학자들에 의해 이름이 붙여지고 학계에 보고된 지구 전체의 생물종 수는 약 210~250만 종 사이로 알려져 있다. 동물계에 72%인 약 156만 종이 있는데, 그중 곤충이 100만 종 이상이다. 식물계는 18%인 약 38만 종이 자란다. 균계는 약 15만 종으로 알려졌으나 전체 추정치는 150만 종 이상으로 보기도 한다. 그 밖에 원생생물과 세균 등이 있다. 해마다 약 1만6,000종의 새로운 생물종이 발견되어 목록에 추가되고 있다. 미발견 종을 포함해 지구 전체 생물종의 추정치는 약 870만 종에 이르는 것으로 본다. 전체 생물종 가운데 100만 종이 멸종위기에 처해 있으며, 매일 전 세계적으로 150~200종이 사라지는 것으로 알려졌다. 자연적인 원인으로 사라지는 생물도 있지만 사람 때문에 사라지는 종이 훨씬 더 많다.

과학기술과 경제가 발달하고 있지만 인류는 식량 부족, 난치성 질병을 앓고 환경 악화 등 환경문제에 시달리고 있다. 지금은 이용할 가치가 적은 생물자원도 미래에는 인류의 생존에 중요한 잠재적인 자원이 될 수 있다. 과학기술의 발달로 숲에 서식하는 생물종은 단순한 자연 자원을 넘어 농업, 제약, 의학, 생물공학 등에 필수적인 전략자원이나 경제 자원으로 바뀌기도 한다. 국내외에서 개발된 값이 비싼 의약품의 약 40%는 생물로부터 얻어진다.

세계자연기금이 공개한 삼림생물다양성 조사보고서 《나무 아래》에 따르면 1970년 이후 약 53%의 삼림생물종이 지구상에서 사라졌다. 현재 생존한 생물 가운데 약 60%에 달하는 삼림과 삼림생물들이 인간에 의해 생존의 위협을 받고 있다. 이 보고서에 따르면 선진국의 생물다양성은 10% 남짓 늘었으나 개발도상국에서는 58% 정도 감소했다. 선진국이 자기 나라의 자연을 보전하는 한편 필요한 자연자원을 저소득 국가에서 싼값으로 수입해 사용하면서 자연생태계가 겪는 부담을 저소득 국가에 떠넘겼기 때문이다. 아울러 산업화 과정에서 화석연료를 많이 사용해 선진국이 된 나라들이 배출한 온실기체로 인해 개발도상국에서 홍수, 가뭄, 재해 등 기상이변이 끊이지 않고 있다.

생물자원전쟁에서도 선진국이 이익을 차지하고 개발도상국

은 실익이 적은 일이 계속되었다. 한반도가 자생지의 하나인 야생 및 재래종 콩은 1901년부터 1976년까지 미국으로 유출되어 오늘날 미국 콩 산업의 뿌리를 이루었다. 전 세계에서 우리나라 남부지방의 아고산대에만 자생하는 특산종 상록침엽수인 구상나무가 미국을 거쳐 유럽으로 유출되어 크리스마스트리로 시장에서 팔리고 있다. 서울 북한산에서 채집한 털개회나무는 개량되어 미스킴라일락이라는 이름으로 원예시장에서 팔리고 있다. 그러나 우리가 식물자원에 무관심했던 탓에 원산국으로서 권리를 갖지 못하는 안타까운 일이 발생했다.

유엔을 중심으로 지구상에 사는 생물의 유전자, 종, 서식지를 포함하는 생물다양성을 보호하기 위해 1993년에 생물다양성협약이 발효되었다. 이 협약은 인류의 생존에 필수적인 생물자원이 줄어드는 것을 막기 위해 생물종의 다양성을 보호하려는 국제협약으로, 생물다양성의 지속 가능한 이용을 보장하며 생물다양성에 의해 창출되는 경제적 이익을 선진국과 후진국이 서로 나누어 갖도록 했다. 우리나라도 1994년부터 생물다양성협약의 당사국이 되었다.

아울러 2021년 유엔식량농업기구는 3월 21일 국제 숲의 날을 맞아 "숲의 복원이 회복과 번영의 길"임을 강조하고 숲 가꾸기에 모든 나라가 노력해야 한다고 강조했다. 숲을 보호하는 것은 기후변화와 생물다양성 위기를 해결하고, 지속 가능한 발전을 위한 제품과 서비스를 생산하며, 일자리를 만들어 삶의 질을 높이고 경제활동을 촉진한다고 강조했다.

국립생물자원관에 따르면 우리나라도 생물다양성에 관심을 두고 자연을 보전한 결과 생물종 다양성은 2013년 4만1,483종에서 2025년 6만2,604종으로, 보호지역 면적도 2013년 1만3,936㎢에서 2025년 2만5,973㎢로 늘었다. 멸종위기 야생생물은 총 282종(I급 68종, II급 214종)이 보호받고 있다. 동시에 외래종 관리에도 나서 국내에 들어오면 문제가 되는 생물(약 853종)과 생태계 교란 생물(40개 분류군)을 지정해 고유한 생태계의 다양성을 보존하고 있다.

이처럼 풍요롭고 다채로운

한반도는 유라시아 대륙의 동쪽에 위치하고 삼면이 바다로 둘러싸여 생물다양성이 높은 편이다. 비슷한 크기의 영국과 비교해 자생하는 고등식물의 종류가 3배 정도 많다. 한반도는 11만여 년 전에 시작되어 2만여 년 전 가장 추웠던 빙하기를 거치면서도 대륙빙하가 널리 발달하지 않아 기존 생물들이 멸종하지 않았다. 빙하기부터 지금까지 환경이 비교적 안정되게 유지되어 지질시대 때부터 활동하던 생물들이 지금도 전국에 살고 있다. 위도상으로 10도 정도 남북으로 길게 펼쳐져 있고 높고 낮은 산줄기가 크고 작은 강을 만들어 아름다운 숲과 물줄기가 이어져 있다.

국립수목원의 국가생물종목록에 따르면 2025년 기준 우리나라 숲을 이루는 자생식물들은 총 5,795종으로 양치식물과 겉씨식물, 속씨식물 등 관속식물이 4,600여 종, 이끼류인 선태식물은 950여 종, 말류가 240여 종에 이른다. 그 가운데 388분류군은 우리나라에서만 자라는 특산식물로 알려져 있다. 특히 지구상에서 한반도에만 분포하는 특산속은 미선나무속, 제주고사리삼속, 금강초롱꽃속, 개느삼속, 금강인가목속, 모데미풀속이다.

한반도 내 지역마다 독특한 생물들이 어우러져 살고 있기에 지방에 서식하는 생물을 활용한 특산물도 다르다. 그 지역에만 자라는 차별화된 식물을 이용해 특산물을 개발하면 지역경제를 살리는 길이 될 것이다. 보성 녹차, 강화 약쑥, 단양 마늘, 봉화 송이버섯, 보성 벌교 꼬막, 한산 소곡주처럼 지역의 풍토에 맞는, 그 지방에서 나는 생물을 정부에서 지리적 표시제로 지정 관리해 주민들의 소득을 올리도록 돕고 있다.

우리나라의 산과 섬들을 조사하다 보면 국토의 크기에 비해 매우 다양한 숲과 생태계와 마주한다. 한반도는 면적은 좁지만 생물종이 많아 생물다양성이 높은 편이다. 생물다양성은 단순히 생물종과 그 수가 많다는 것만 의미하지 않고, 유전자 다양성이 높고 그 생물들이 서식하는 생태계 다양성도 높다는 뜻이다.

오늘날 차세대 성장동력으로서 잠재적 시장가치를 가진 쓸모 있는 생물자원을 먼저 차지하기 위해 국가 간의 경쟁이 치열하다. 천연 신약, 유용생물 소재 발굴, 식량용 종자 개량, 유전체 연구 등 생물자원의 활용 가치가 중요해진 도전할 만한 대상이다.

생태계 서비스

영국의 식물생태학자 아서 탠슬리는 생태계를 "우주를 이루고 있는 물리적 위계에서 생물 집단과 환경으로 이루어진, 생물군계보다 작고 군집보다는 큰 물리적인 실체"라고 했다. 그는 생태계 내에 여러 구성 요소가 있는데, 이들이 서로 작용해 생태계가 안정적으로 유지된다고 보았다.

미국의 생태학자 유진 오덤은 생태계를 에너지 흐름과 물질 순환으로 설명했다. 생태계는 먹고 먹히는 먹이망으로 에너지가 이동하고 물질이 순환하면서 이어지는데, 광합성을 하는 넓은 숲이 있어야만 먹이망은 유지된다. 생물은 땅, 대기, 물과 같은 비생물적 환경으로부터 물질을 받아 생물이 유기물을 만들며, 이것은 먹이연쇄를 따라 이동하지만, 결국에는 비생물 환경으로 되돌아간다. 둥근 원을 쳇바퀴처럼 돌면서 생태계가 이어지는 것이다. 오늘날 생태계는 생물과 무생물적인 환경으로 구성된 생태학적 단위로, 이 안에 담긴 생물과 환경 간의 긴밀한 관계와 연결성을 뜻한다. 그래서 최근 과학자들은 생물과 인간, 그리고 환경 사이의 관계에 관심이 많다.

생태계 서비스는 생태계의 자연적인 작동 원리가 만들어 내는 각종 결과와 조건 및 과정이 우리에게 직간접적으로 제공하는 혜택을 의미한다. 예를 들어 흙, 물, 공기, 영양물질이 우리에게 주는 혜택, 벌이나 나비와 같은 수분 매개자의 생태적 활동이 식량 생산에 주는 도움, 습지가 폐수나 중금속 등의 오염물질을 걸러 깨끗하게 해주는 효과, 자연경관이나 야생에서 체험하면서 누리는 심리적 가치, 미학적 가치, 철학적 가치 등이 생태계 서비스다. 우리는 느끼지 못하는 사이에 생태계 서비스를 하루 내내 받으면 살고 있다.

기후에너지환경부는 땅 주인이 정부나 지방자치단체와 계약을 맺고 친환경으로 작물을 경작하거나 야생생물 서식지를 조성하면 그에 따른 보상금을 준다. 이를 생태계 서비스 지불제 계약제도라고 부르는데, 보호 및 생태 우수 지역의 토지 소유자나 점유자 또는 관리자가 생태계 서비스 보전 또는 증진 활동을 할 때 보상을 지급하는 것이다. 작물을 재배하지 않고 쉬거나 야생동물 먹이 주기 등은 물론 친환경 작물 경작, 하천 정화, 멸종위기 야생생물 서식지 조성, 기후변화 대응 숲 조성, 전망대 조성 등을 지원한다. 우리나라 유기농업의 생태계 서비스 가치는 일반 농업보다 ㎢당 수천만 원 이상의 추가적인 공익적 가치를 창출하는 것으로 알려졌다. 다만 자연으로부터 받는 혜택을 계산해서 돈으로 주는 것과 비례해서 대가를 지불하는 것 역시 중요하다. 자연의 가치를 평가하는 것은 간단하지 않기 때문이다.

숲으로 가는 길

숲에서 배우고 숲으로 꿈꾸고

산림청이 발표한 2020년 기준 데이터 기반 우리나라 산림의 가치는 연간 약 259조 원으로 우리나라 국내총생산의 약 13%에 해당한다. 즉 국민 한 명 한 명이 해마다 약 499만 원의 공익적 산림 복지 혜택을 누리고 있다. 숲의 공익적 가치들 가운데 가장 큰 것은 온실기체의 흡수와 저장, 산림 경관 제공, 토사 유출 방지, 산림 휴양이다.

숲은 우리에게 깨끗한 물을 공급하고, 산소를 내보내며, 생물다양성을 보전한다. 이 밖에도 공기를 맑게 해주고, 우리 몸을 건강하게 해주는 치유 기능도 있고, 도심의 온도가 높아지는 열섬을 줄여주고, 미세먼지를 흡수하는 등 헤아리기 어렵다. 쉼터 제공, 소음 차단, 방풍 등의 환경적 가치와 문화 예술 및 교육적인 가치도 숲이 우리에게 주는 선물이다. 숲이 사라진다면 인류는 자연이 주는 혜택을 받을 수 없고 그만큼 우리 삶은 힘들어진다. 그래서 숲은 단지 나무들이 울창한 곳이 아니라 인류가 지금까지 살아오고 앞으로 살아야 할 '자원의 곳간'이다.

흔히 스트레스를 만병의 근원이라고 부른다. 스트레스가 가중되면 신체적 질병을 넘어 정신마저 괴롭히며, 개인적 고통과 불행에 그치지 않고 사회적으로도 큰 손실로 이어진다. 그렇다면 스트레스를 어떻게 풀어야 할까? 좋아하는 일을 하거나 맛있는 것을 먹으면서 풀기도 하겠지만, 운동하거나 자연 속에서 휴식하면서 지친 마음과 몸을 다스리는 것은 어떨까? 특히 숲은 스트레스를 푸는 데 도움을 준다. 국립산림과학원의 연구에 따르면 점심을 먹은 후 15분간 숲을 산책한 집단이 그렇지 않은 집단보다 집중력과 인지력이 훨씬 향상되었다.

왜 숲에 머물면 마음과 몸이 상쾌해질까? 우리의 정신과 육체는 숲과 조화롭게 교류하던 원시시대 생활에 맞도록 설계되어 있다. 그래서 우리는 본능적으로 숲을 좋아한다. 사회생물학자 에드워드 윌슨은 이를 '바이오필리아(biophilia)'라고 했다. '녹색 갈증'이라고도 부르는 이 말은 자연을 좋아하고 자연 속에서 생활하고 싶은 것은 생명체의 당연한 본능이라는 의미를 담고 있다. 반면에 도시 생활은 편리하기는 하지만 우리에게 육체적 또는 심리적으로 부담을 준다. 임상심리학자 크레이그 브로드는 현대인들이 겪는 스트레스는 사람이 근본적으로 도시 생활에 맞지 않아 생기는 갈등에서 비롯한다고 보았으며, 이를 '테크노 스트레스(techno-stress)'라고 불렀다.

숲은 자연이 우리에게 주는 선물이다. 현대사회의 고민 역시 숲에 고스란히 담겨 있으며, 그에 대한 답 역시 숲에 있다고 해도 과언이 아니다.

태초에서 미래까지

지구가 처음 생겨났을 때 원시적인 지구는 암석권인 땅과 기권인 공기로 나뉘었고, 뒤에 수권인 바다가 생겼다. 바다에서 시작한 생물이 육지에 상륙하면서 지구는 암석권, 기권, 수권에 이어 생물권으로 복잡해졌고 토양권까지 이어져 지구생태계가 다양해졌다. 그리고 마침내 인류가 등장하면서 지구는 땅, 공기, 물, 생물, 흙, 사람으로 이루어진 오늘날의 모습을 갖추었다.

인류의 조상은 지금으로부터 700만 년 전 동아프리카에서 탄생했다. 현생인류는 30여만 년 전부터 등장해, 자연에서 의식주에 필요한 식물을 채집하고 동물을 수렵하면서 숲과 더불어 구석기시대를 이어갔다. 당시는 숲속에 사는 짐승이 언제 공격할지 모르는 시기였으므로 인류는 숲에서 필요한 물자를 구하면서도 숲을 두려워했다. 이때 불을 사용해 자신을 방어하고 음식도 익혀 먹었다.

마지막 빙하기는 지금으로부터 11만 년 전쯤 시작해 2만 년 전 무렵으로 매우 추웠다. 최후빙기가 끝나고 기후가 지금과 비슷해진 시기는 1만2,000년 전인 신석기시대부터로, 이후 인류의 활동은 활발해졌고 숲의 파괴가 본격적으로 이루어졌다. 신석기시대에 인류는 작물을 재배하고 가축을 사육하면서 한곳에 오래 머물며 살았다. 농경지를 만들기 위해 숲에 불을 지르고, 집을 짓고, 음식을 준비하기 위해 불을 땔 재료를 구하면서 숲은 줄어들기 시작했다. 신석기시대 유적지에서 숯이 자주 출토되는 것이 이를 증명한다. 짐승이 공격할까 무서워 주거지 주변의 숲을 파괴하기도 했다.

인류가 정착해 생활하면서 농사를 짓고 가축을 기르기 시작하자 동물들로부터 병원균에 감염되어 새로운 질병과 맞닥뜨리기도 했다. 식중독을 일으키는 살모넬라균뿐만 아니라 바이러스에 의한 질병도 야생동물 서식지를 파괴하고 가축과 가까이 지내면서 생겨났다.

인간은 오랫동안 숲에서 의식주에 필요한 물자를 얻기도 해서 숲을 고마운 공간으로 여겼다. 지금도 푸르고 아름다운 숲은 보는 것만으로도 기분이 좋다. 하지만 깊은 숲속으로 들어가면 숲속의 온도는 개방된 곳보다 서늘하고 습도가 높아 숲에 들어가면 오싹한 기분도 든다. 주변에 무엇이 있는지 알 수 없어서 불안하기도 하다. 어디에서 낯선 짐승이 튀어나올지도 모른다. 자연자원이 풍부한 숲은 고마운 존재이기도 하지만 동시에 어둡고 짙은 두려운 대상이었다. 따라서 인간은 본능적으로 숲을 가까이 두기보다는 적이나 짐승으로부터 자신을 보호하는 탁 트인 공간을 만들기 위해 나무를 자르고 숲에 불을 지르기도 했다. 18세기 후반부터 산업혁명과 함께 도시화, 산업화가 속도를 내면서 인구가 크게 늘었다. 이에 따라 도시 주변의 자연생태계와 숲은 빠르게 훼손되고 환경오염도 피할 수 없었다.

지구상에 인류가 등장해 인구가 늘고 새로운 환경에 적응하면서 인간은 서로 경쟁하기도 하고 공생하면서 널리 자손도 남겼다. 이런 환경 속에서 식물과 생물들이 안정적으로 사는 서식처가 숲이다. 호주에는 2억 년 전 중생대 쥐라기 때부터 자란 화석식물인 울레미소나무가 지금도 살아 있다. 미국 서부에 자라는 강털소나무는 지난 5,000여 년 동안 생존했다. 우리나라에도 경기도 양평 용문사 입구에 자라는 은행나무는 나이가 2,000년에 이른다.

산에 자라는 큰키나무뿐만 아니라 키 작은 나무들도 오랫동안 그 자리를 이어온 살아 있는 역사다. 지금은 높은 산꼭대기에 정착해 살아가는 고산식물은 빙하기 때 북극권의 추위를 피해 한반도에 들어와 자연사를 말해주는 살아 있는 지표이고 유물이다. 작지만 다부진 돌매화나무, 시로미, 월귤과 같은 꼬마 나무들을 조사하면 한반도가 지나온 자연사를 밝힐 수 있다. 키 작은 식물 하나는 미래 기후변화에 따라 우리 생태계에 어떤 일이 나타날지, 그리고 변화하는 환경에 어떻게 적응해야 할지를 알려준다.

모두가 부러워하는 숲의 나라

역사적으로 한반도에는 오래전부터 사람들이 살았고, 의식주에 필요한 것을 숲에서 구했다. 생활에 필요한 도구를 만드는 재료, 집을 짓는 목재, 먹을거리, 땔감, 경작지를 넓히기 위해 나무를 베고 숲을 불태우면서 삼림은 황폐해졌다. 그러나 사람들이 늘 숲을 해친 것은 아니다. 소나무를 베지 못하게 하는 금송정책 등을 통해 소나무와 같이 쓸모 있는 좋은 숲은 사람들의 출입이나 나무 베는 것을 선택적으로 금지했다.

그런 우리 숲은 일제강점기와 6·25전쟁 등을 거치면서 수난을 당했다. 1910년부터 1945년까지 임산자원이 일제에 수탈되는 한편 1950~1953년 사이에는 전쟁으로 숲이 파괴되었다. 전쟁 이후에도 숲은 큰 피해를 보았다. 쓸 만한 나무들은 베이고, 나무를 새로 심지 않으면서 숲이 크게 망가졌다. 숲이 사라지면서 비가 오면 산이 무너져 산사태가 나고 하천이 넘쳐 홍수 피해로 이어졌다. 나무가 물을 저장하고 걸러 주지 않자 가뭄 피해도 심했다.

우리 주변의 숲이 푸르러지기 시작한 것은 1973년부터 시작된 치산녹화사업의 결과로 봐야 한다. 우리나라는 전 세계에서 산림녹화사업에 성공한 몇 안 되는 모범 국가다. 6·25전쟁 직후 우리나라의 산림 총량은 현재의 약 5%에 불과했고, 당시 민둥산 비율은 전체 산의 절반을 차지했다. 전쟁이 끝난 뒤 우리 정부는 정책적으로 벌거숭이가 된 산에 산림녹화 정책을 펼쳤고, 국민들이 힘을 모아 나무를 심어 지금은 울창한 숲과 산을 이루었다. 유엔식량농업기구는 '한국은 제2차 세계대전 이후 녹화에 가장 성공한 국가'라고 평가했고, 유엔환경계획은 '한국의 조림 사업은 세계적인 자랑거리'라고 평가할 정도였다.

산림녹화에 힘쓰면서 나무가 차지하는 면적도 늘었지만, 자라는 나무들의 부피(입목축적량)가 1967년 10㎥, 1987년 31㎥, 2007년 98㎥, 2019년 161㎥로 차츰 늘었다. 2011년에는 유엔 사막화방지협약 제10차 총회가 경상남도 창원에서 개최되었다. 사막이 없는 우리나라에서, 그것도 아시아에서는 처음으로 열리는 총회였다. 우리나라가 어떻게 숲을 푸르게 일구었는지 국제사회가 배워야 하는 국가로 본 것이다. 예전에는 대한민국은 전쟁, 가난, 고아, 시위 등이 먼저 떠올랐지만, 지금 우리나라는 정치적 민주화, 국가경쟁력, 첨단산업, K문화와 함께 산림녹화의 상징으로 변모했다.

자연계에서 숲은 천이 과정을 거쳐 만들어진다. 어떤 지역 내의 생물 군집이 오랜 시간에 걸쳐 생물의 종류와 수가 단계적으로 변해 가는 과정을 천이라고 한다. 숲은 자연환경에 크게 영향을 받지만, 사람의 노력이 합쳐질 때 완성된다. 숲에서 무심코 지나치는 나무 한 그루, 풀 한 포기는 자연적인 경관이 아닌, 사람들이 피땀 흘려 만든 역사적 산물이자 노력의 결실이다. 우리나라의 숲은 사람들이 가기 힘든 일부 지역을 빼고는 산과 들에 나무를 심고 가꾼 것으로, 역사가 살아 숨 쉬는 공간이다. 특히 마을 주변의 숲은 대부분 자연림이 아니라 소나무, 상수리나무 등을 인공적으로 심어 가꾼 결과물이다.

우리나라의 숲은 사람의 손길이 닿지 않은 원시적인 자연식생이 매우 드물고 간섭받았던 곳에 인공적으로 나무를 심어 기른 숲이 넓게 자리하고 있다. 과거에 나무를 심을 당시 자생하는 나무의 씨앗도 부족했고 한꺼번에 많은 나무를 심어야 해서 외국에서 종자를 들여와 묘목을 길러 심었다. 리기다소나무, 낙엽송(일본잎갈나무), 이태리포플러, 일본삼나무, 편백, 아까시나무 등은 대표적인 외래수종이다. 최근에 큰 산불이 자주 발생하면서 침엽수와 활엽수를 섞어 심고 풍토에 적합한 새로운 방식으로 숲을 관리하자는 요구가 커지고 있다.

발자국을 남기지 않기 위하여

내가 나무라면 세상은 어떻게 보일까? 인류의 역사는 사람의 시선으로 과거를 기록한 것이다. 그런데 그 주체가 사람이 아니라면 세상이 얼마나 다르게 보일지 생각만 해도 흥미롭다. 흔히 인류의 역사는 도전과 응전의 역사라고 말한다. 이에 반해 영국의 환경역사학자 클라이브 폰팅은 《녹색세계사》에서 자연환경 입장에서 자연과 인간의 상호작용을 살폈다. 역사를 도전과 응전이라는 인간 중심적인 입장에서 벗어나 자연환경 입장에서 바라본 것이다. 그는 인간이 주어진 환경을 극복하면서 문명을 이루었지만, 꼭 그렇지 않을 수도 있다고 보았다.

인류는 구석기시대부터 불을 다루고 도구를 사용하면서 식물을 채집하고 동물을 수렵하며 살았다. 신석기시대부터 작물을 재배하고 가축을 사육하기 시작한 인류는 의식주에 필요한 물자를 숲에서 얻었다. 그러면서도 숲에 불을 질러 경작지를 넓히고 숲을 훼손하고 파괴했다. 세상을 보는 주체가 인간이 아니라 나무라고 가정한다면 인간은 성가시고 두려운 존재로 보이지 않을까? 우리의 역사는 숲을 떼어 생각할 수 없고, 이것은 지금이나 앞으로도 마찬가지다.

우리 숲은 우리 역사를 고스란히 담고 있다. 외세의 침략이 끊이지 않았고, 식민지가 되어 수탈당하고, 전쟁을 치렀다. 급속한 산업화와 도시화를 거치면서 인구까지 폭발적으로 증가하자 개발 과정에서 우리 숲은 수난이 그치지 않았다. 그 결과 자연림은 줄어들고 말았다. 우리 주변의 숲은 대부분 사람의 손길과 발길을 거쳐 자연성이 떨어진 이차림과 자연적으로 생긴 일부 자연림이 뒤섞여 있다. 실제로 한국산림정책연구회에 따르면 우리나라는 상대적으로 사람의 손길이 덜 간 자연림이 73%, 나무를 심어 기른 인공림이 23% 정도에 이른다.

사람이 숲에 드나들면서 그 흔적이 남는다. 나무를 자르고, 불태우고, 개간하고, 집을 짓고, 길을 내고, 광물을 채굴한다. 그렇게 사람이 숲에 남긴 부담을 '숲 발자국'이라고 부른다. 숲 발자국이 넓어지면서 산의 생태계는 제대로 기능하지 못하고, 무너진 생태계가 부메랑이 되어 우리에게 홍수나 산사태 등을 되돌려 준다. 우리는 이를 자연재해라고 부르지만, 사실 그 근본 원인은 우리 자신이다.

지구촌의 숲은 안녕할까? 러시아와 몽골, 인도네시아, 지중해 연안의 그리스, 호주, 미국, 캐나다, 브라질, 러시아, 몽골, 튀르키예 등 건조한 지역에서는 초대형 산불로 숲이 한순간에 잿더미로 변하는 재앙이 자주 일어난다. 생물다양성의 창고이자 지구의 허파로 산소를 만들어 내며, 지구의 기후시스템을 유지해주는 아마존, 동남아시아, 아프리카의 열대우림이 파괴되는 것뿐만 아니라 러시아, 몽골, 미국, 캐나다 등의 타이가 숲도 산불과 개발로 사라지고 있다. 숲이 사라지면서 기후변화는 가속화되고 생물다양성은 줄거나 사라지고 있다.

버드라이프 인터내셔널은 국제 조류 서식지와 생태계를 보호하는 단체다. 이 단체의 조사 결과에 따르면 인간의 영향을 받아 동물 개체수가 줄어들고 서식지가 파괴되었으며, 이를 모면하고 온전한 생태계를 유지하는 곳은 지구상에 3% 미만이다.

트릴리온 트리스라는 프로젝트팀은 야생동물보존협회, 세계

자연기금, 버드라이프 인터내셔널 등이 산림 파괴를 막고 숲의 자연적인 복원을 도우려 만든 환경단체다. 이 단체가 조사한 내용을 보면 21세기에 지구에서 자연적으로 복원된 숲의 면적은 약 59만㎢로 프랑스 면적보다 넓다. 브라질의 대서양림, 몽골의 북부 한대림, 중앙아프리카와 캐나다 일부 지역에서도 삼림 등 자연적으로 복원된 숲이 있다. 이 숲에서 연간 59억 톤의 이산화탄소를 흡수하는데, 이는 미국이 뿜어내는 이산화탄소 전체를 흡수하는 양이다.

숲의 면적과 관련해 중요한 것은 자연적으로 복원된 숲보다 더 넓은 면적의 숲이 새롭게 파괴되고 있다는 점이다. 2018년부터 2년 동안 세계적으로 파괴된 숲의 면적은 386만㎢에 이른다. 이는 복원된 숲의 6배를 넘는다. 해마다 영국의 전체 국토 면적에 달하는 24만3,600㎢ 크기의 숲이 목재 벌목과 농지 확보를 위해 사라지고 있다. 2020년에는 2019년보다 12% 증가한 12만㎢의 숲이 사라져 파괴 속도가 빨라졌다.

가장 젊은 섬이 말하는 미래

쉬르트세이 섬은 북유럽 아이슬란드 남쪽 해안에서 약 32㎞ 떨어진 곳에 있는, 지구상에서 가장 젊은 섬 가운데 하나다. 1963년 11월부터 1967년 사이에 해저 화산 폭발로 생긴 화산섬인 쉬르트세이의 면적은 1.41㎢다.

쉬르트세이는 북유럽 신화의 거인 이름을 딴 섬으로 지구에서 생태계가 처음부터 시작되는 과정을 관찰할 수 있는 자연 실험실과 같다. 화산 폭발로 만들어진 섬에 생물이 정착하는 과정을 알 수 있는 식물지리학과 생태학의 교과서와 같은 곳이다. 이곳에서 인간의 간섭이 없는 상태에서 새로 생긴 땅의 동식물 정착에 대한 장기간에 걸친 중요한 정보를 얻을 수 있다.

쉬르트세이에 생태계가 형성되는 과정을 보면, 바다에 섬이 만들어진 뒤 1965년 봄부터 모래 해변에 식물들이 정착했다. 초기인 1964~1965년에는 해류를 타고 떠내려온 씨앗과 곰팡이, 세균이 처음 발견되었다. 이 섬에 처음 발을 디딘 관다발식물은 갯개미자리였다. 1970~2000년대에는 새들이 섬을 휴식처나 번식지로 삼으면서 생태계에 변화가 나타났다. 새의 배설물인 구아노가 척박한 화산재에 영양분을 공급하며 토양이 만들어졌다.

현재 쉬르트세이에는 관다발식물 약 78종, 이끼류 75종, 지의류 71종 이상이 자라고 있다. 동물은 89종 이상의 조류가 기록되었으며, 곤충과 거미 등 무척추동물은 330종이 넘게 발견되었다. 최근에는 물개들이 섬 해안에서 번식하는 모습도 관찰되었다.

쉬르트세이는 고전적인 생태학 이론을 뒤집고 있다. 과거에는 바람이나 해류가 씨앗을 주로 운반했다고 알려졌으나 최신 데이터는 갈매기와 거위 등 조류의 소화기관을 통해 운반된 씨앗들이 섬 생태계를 만드는 데 핵심적인 역할을 한 것으로 밝혀졌다. 1963년 이후 섬에 정착한 78종의 식물 가운데 62종이 갈매기에 의해 퍼졌으며, 이는 동물의 장을 통과하거나 토해내는 방식으로 이루어졌다. 근래에는 지구온난화로 인해 아이슬란드 주변 해역 온도가 오르면서 이전에는 볼 수 없던 남방계 생물종이 섬에 도착하고 있다.

불모지 같던 섬에 전환점이 찾아온 것은 1986년 무렵으로, 갈매기들의 숫자가 늘면서 섬 한쪽에 큰 규모로 갈매기 번식지가 형성되었고, 이후 섬은 빠르게 변모했다. 바닷새 배설물은 씨앗만 가져온 것이 아니었고, 질소와 인 같은 영양분을 땅에 뿌려주면서 흙을 만들었다. 척박한 땅은 식물이 자라기에 알맞은 터전으로 바뀌었고 새들이 운반한 씨앗들이 뿌리를 내릴 조건이 만들어졌다. 새의 배설물에는 질소와 인, 식물 생장에 필수적인 모든 영양분이 풍부하다. 새들이 찾아오면서 생태계 전체가 풍요로워졌고, 이 과정 덕분에 식물이 번성할 수 있었다. 쉬르트세이는 척박한 암석에서 동물과 식물이 서로 영향을 부고 받으면서 토양을 만들며 생태계를 형성하는 과정을 보여준다.

이 섬에서는 인간의 간섭 없이 새로 생긴 땅에 동식물이 어떻게 정착하는가에 관한 장기간에 걸친 중요한 정보를 얻을 수 있다. 섬이 진화되는 과정을 볼 수 있는 곳이기도 하지만 해양 침식으로 이미 섬 면적의 반이 줄어들었고, 시간이 지나면 남은 지역의 3분의 2가 사라지고 침식에 강한 핵심 지역만 남을 것으로 보고 있다.

인간에 의해 심각한 훼손과 교란을 겪은 구소련 체르노빌에서 나타난 자연생태계 복원 과정도 관심거리다. 1986년 체르노빌에서 원자력발전소 폭발 사고가 나고 40년이 지난 현재 폐쇄된 도시 프리피야트의 아스팔트 도로는 식물로 뒤덮이고 동식물의 종류는 사람이 살던 때보다 더 늘어났다. 이처럼 생물의 생존 능력은 끈질기고 경이롭다. 그것은 바람, 해류, 새 등이 씨앗을 운반해 주었기에 가능했다. 자연의 생명력과 치유력은 강인하다. 그러나 인간의 훼손이 심한 곳에서는 생물이 살 곳을 잃은 채 빠른 속도로 사라지고 있다.

숲은 시간이 지남에 따라 서서히 자연이 가꿔 온 원래의 모습으로 바뀐다. 이런 변화는 짧은 시간 동안에는 알기 어렵다. 오랜 시간을 두고 서서히 그리고 조금씩 제 모습을 찾아간다. 숲이 안정화되면서 자연의 질서에 따라 천이가 이루어진다. 오랜 시간에 걸쳐 생물의 종류와 수가 변해 간다. 이 과정을 거치며 생태학적으로 암석이 지의류(균류와 조류의 공생체), 이끼 등의 선태류, 바람 등에 풍화되어 식물이 살 수 있는 토양을 만들고, 풀과 작은 나무들이 척박한 토양에 유기물을 공급하면서 땅이 비옥해진다.

빈 땅에 이끼, 지의류 등이 자리를 잡으면서 비옥해지면 키 작은 나무들이 정착한다. 이어서 소나무를 비롯해 햇빛을 보며 크는 나무들의 세상이 된다. 숲이 우거지면 빛이 많이 필요한 나무는 밀리고 그 자리를 주목, 서어나무, 참나무 무리처럼 그늘에서 잘 자라는 나무가 주인이 된다. 이후 나무들끼리 경쟁하며 서로의 위치를 찾아가면서 지금처럼 우거진 숲이 만들어진다.

온대 지방에서는 100여 년 정도를 지나면 숲이 점차 안정되어 나중에는 숲이 번성하는 극상에 이른다. 물론 최종적으로 안정된 군집인 극상에 이른 숲도 시간이 지나면 후계목들이 처음부터 순환하는 일생을 시작한다. 자연의 섭리에 따라 어른 나무가 극상의 숲으로 자리하도록 우리 모두의 관심과 사랑이 절실하다. 그런 마음으로 숲에 들어가야 하고, 그런 마음으로 숲과 마주할 때다.

그 안에 깃든
마음

시간을 내어 주변의 가까운 숲에 들어가 보자. 처음에는 어색하겠지만 숲을 들여다보면 키가 큰 나무들이 하늘을 향해 뻗어 있고, 그 밑으로 작은 나무들이 무리를 지어 자라며, 풀들이 그 밑에 옹기종기 모여 있음을 알 수 있다. 여러 층으로 이루어진 나무들 사이로 새들이 지저귀고 다람쥐가 뛰어다니는 모습을 보면 모든 걱정이 절로 사라진다. 숲속의 낙엽이 두껍게 쌓인 땅 위에는 여러 종류의 풀이 곤충들과 서로 어우러져 산다. 땅속의 지렁이와 유기물을 분해하면서 사는 미생물이 없으면 숲속에는 동물의 사체로 뒤덮였을 것이다. 땅과 공기, 물, 생물이 조화와 균형 속에서 하나의 생태계를 만들도록 해야 한다.

세계 최초로 국립공원을 만드는 데 큰 공을 세운 미국의 자연학자 존 뮤어는 사람이 숲의 그늘을 떠나거나 등을 돌려 파괴하려 한다면 큰 슬픔과 재앙이 올 것이고, 마침내는 자신들의 땅에서 살아가는 법마저 잊어버릴 것이라고 했다. 독일의 자연학자 알렉산더 폰 훔볼트는 남미를 탐험하면서 자연을 관찰하고 그림과 지도로 내용을 정리한 《코스모스》로 세계적인 학자가 되었다. 지금도 그의 이름을 딴 대학, 재단, 해류까지 있을 정도다. 작은 숲이라도 자세히 관찰하면 새로운 세상과 마주할 수 있다. 자연은 교과서를 보고 외우며 공부하는 것보다 현장에서 관찰하고 기록하고 원리를 탐구하는 과정을 거쳐야 하고, 그때 비로소 옳고 그름을 알게 해준다.

동서양을 막론하고 나무와 숲을 숭배하고 여러 상징적 의미를 부여했던 것은 아주 오래전부터 공통으로 전해지는 하나의 문화 현상이다. 신성한 나무로 숭배하는 당산목이나 서낭나무처럼 나무를 신의 대리물이나 수호신으로서, 또는 신이 하강하고 승천하는 통로로 여긴 풍습은 세계적인 현상이고 우리 민속이나 문화 속에도 남아 있다. 단군신화에는 환웅이 하늘에서 내려와 신단수라는 나무 아래에 신의 도시를 건설했다고 전해진다.

나무는 다른 생명체들보다 수명이 길고 생명력이 끈질기다. 산이나 마을에 자라는 노거수는 나이도 많고 덩치도 크고 열매를 많이 맺어 후손을 남기므로 짧은 일생을 마치는 인간에게는 우주와 세상을 이어가는 특별한 존재로 여겨졌다. 특히 마을 언저리에 있는 마을숲은 마을을 재해와 침입자를 막는 지킴이였고, 든든한 이웃으로 마을의 문화를 일구었다.

나무와 숲이 문화를 이룬 경우는 어렵지 않게 찾아볼 수 있다. 지리산 자락에 있는 전라북도 남원 운봉에는 마을 사람들을 지키는 수호신으로 알려진 소나무가 우거진 할머니 당숲과 할아버지 당숲이 자리하고 있다.

경상남도 함양의 상림은 신라 진성여왕 때 함양 태수 최치원이 위천 서쪽에 홍수를 막기 위해 심은 숲으로 천연기념물로 지정된 역사가 살아 숨 쉬는 곳이다.

경상북도 예천에 자라는 석송령은 우리나라 천연기념물로 세금을 내면서 장학금까지 주는 나무다. 약 600년 전 큰 홍수가 났을 때 마을 앞을 흐르는 석간천을 따라 떠내려오던 소나무를 마을을 지나던 나그네가 건져 현재 자리에 심었다고 한다. 1930년에 마을 주민이 이 나무에 영감을 느껴 석송령이라는 이름을 지어 주고, 자신의 토지 6,600㎡를 상속해주고 문서 등기를 마치면서 재산을 가진 나무가 되었다. 재산이 있으니 세금도 낸다. 현재 이 나무는 예천군이 임대료를 받아 관리하고 있다.

마을 앞 동구 밖에는 느티나무·팽나무·회화나무·은행나무·소나무와 같은 노거수, 즉 나이가 많은 나무가 많다. 나이 많은 나무는 마을 주민에게 여름철 무더위를 식히는 쉼터이자 회의 장소였고, 마을의 안녕과 행복을 기원하는 장소로 활용되었다. 이런 보호수는 마을마다 역사성과 상징성을 띠는 소중한 문화 자산이다.

노거수는 오랜 역사 속에서 민족의 삶과 풍속, 관습, 사상, 신앙, 문화 활동이 얽혀 있는, 인류 문화 환경의 일부다. 따라서 국가가 천연기념물로 지정해 관리한다. 천연기념물로 지정된 식물은 소나무, 은행나무, 이팝나무, 회화나무 등 대부분 큰키나무들이지만 철쭉나무, 탱자나무, 회양목, 등나무, 다래나무 등 작은 나무도 있다. 희귀 수종은 미선나무와 파초일엽 자생지 등이 대표적이다. 동백림, 상록수림, 성황림, 방풍림 등은 숲 자체를 천연기념물로 지정한다.

숲을 가꾸는 데 기업의 동참과 역할이 빠질 수가 없다. 요즘에는 국제적 관심사인 ESG를 실천해 투명하고 지속 가능한 경영을 펼치는 기업일수록 젊은 세대가 일하고 싶은 회사로 꼽히곤 한다. ESG는 Environment(환경), Social Responsibility(사회적 책임), Governance(지배구조)의 머리글자로, 기업의 비재무적 경영 성과를 판단하는 기준이다. 이 기준은 현재 기업경영의 새로운 핵심적 가치로 주목받고 있다. ESG는 기업의 친환경 경영, 사회책임 경영, 투명 경영으로 이해할 수 있다. 이 중 환경 부문에서는 기후변화 및 탄소 배출, 대기 및 수질의 오염, 생물의 다양성, 숲 파괴, 에너지 효율, 폐기물 관리, 물 부족 등을 평가한다. 기업이 ESG 요소를 파악하고 공개하는 체계로 환경규제 변화에 선제적으로 대응해야만 투자받을 수 있고 고객으로부터도 외면받지 않는 세상이 왔다. ESG는 존경받는 회사, 일하고 싶은 회사로 가는 지름길이자 지표가 되었다.

그곳에도 나무들은
자란다

✿

하루 넘게 해가 뜨지 않는 곳

1월은 북반구에서 추위가 본격적으로 시작되는 시기다. 언론에도 눈과 얼음으로 뒤덮인 북방의 경관이 자주 등장한다. 얼음과 눈이 압도하는 황량한 경관에는 생명이 없는 것처럼 보이지만 그곳에도 강인한 생명력을 지닌 동식물이 추위에 적응하면서 서식한다.

북반구에서는 북극점부터 남쪽으로 가면서 북극해, 1년 내내 얼어 있는 대륙빙상, 툰드라, 타이가, 침엽수와 활엽수가 섞여 자라는 혼합림대, 낙엽활엽수대, 상록활엽수림대, 열대우림이 나타난다. 고도가 높아지면서 기후대와 식생대가 달라지며, 대륙 내부로 가면 초지나 사막으로 경관이 바뀐다.

북극권의 가장 북쪽에는 북극해와 함께 1년 내내 영하로 기온이 낮고 강설량이 많아 지표의 5분의 2가 눈과 얼음으로 덮인 대륙빙상이 발달하고, 북위 66도 33분에는 북극권의 남방한계선이 나타난다. 북극권은 북극점에서 북위 66도 33분까지로 한대와 온대를 나누는 경계선이다. 이 위도에서는 6월 21일경인 하지에는 하루 넘게 태양이 지지 않으며, 12월 21일경인 동지에는 하루 넘게 태양이 뜨지 않는다.

빙상의 남방한계선 일대는 여름에만 잠시 얼음이 녹는 활동층이 나타나고 대부분은 땅속이 2년 넘게 영하 기온으로 항상 얼어 있는 영구동토다. 영구동토는 전체 육지 면적의 25%를 차지하는데, 지구온난화 때문에 영구동토층이 녹으면서 땅속에 축적되어 있던 메탄이 대기로 배출되어 지구온난화를 부추긴다.

북극권에서는 지질시대 동안 기후변화에 따라 환경과 경관이 크게 변했다. 약 250만 년 전인 신생대 제3기 플라이오세 말에는 현재보다 따뜻해, 재목으로 사용하는 나무가 자라는 한계선인 삼림한계선이 지금보다 1,600㎞ 북쪽까지 닿았다. 신생대 제4기 플라이스토세 최후 빙기인 약 7만 년 전에는 북극권에 3,000m 넘는 두께의 빙상이 발달했다. 당시 구석기시대 사람들은 추위 속에 불을 사용하고 식물을 채집하며 동물을 사냥하면서 먹을거리와 잠자리를 해결했다.

약 1만 2,000년 전 홀로세에 들어 기후가 온난해져 빙하가 후퇴하면서 해수면이 차츰 올라왔다. 홀로세에 작물을 재배하고 가축을 사육하는 신석기 문명이 발달했다. 이때부터 경작지를 만들면서 산림 파괴와 교란이 본격적으로 시작되었다.

개발로 위협받는 툰드라와 타이가

영국 왕립식물원 큐 가든이 발표한 《세계 식물 현황 2016》에 따르면 지구상에는 물속에서 사는 수생식물과 이끼류 등을 제외하고 39만900여 종의 유관속식물이 있는데, 이 중 21%가 멸종위기에 있다. 멸종위기 식물 중에서 농경으로 인한 서식지 파괴로 위협당하는 식물이 31%, 기후변화로 멸종위기에 놓인 것은 3.7%로 알려졌다.

북반구 고위도에 있는 툰드라는 북극해 연안에서 남쪽으로 월평균기온이 10도 아래인, 나무가 자랄 수 있는 북방한계선까지를 이른다. 툰드라에서 가장 따뜻한 달의 평균기온은 0~10도이며, 2~3개월 여름 동안 기온이 높아지면서 지표가 녹아 습지를 이룬다.

북극권과 온대 고산대는 서로 거리는 멀지만 여러 종류의 극지고산식물이 공통으로 자란다. 이들은 과거 빙하기에 빙하와 주변 주빙하 지역의 혹독하게 한랭하고 열악한 환경을 피해서 보다 나은 서식지를 찾아 남쪽으로 옮겨 정착한 식물의 후손으로, 빙하기 유존종이다.

툰드라 식생은 북쪽에서 남쪽으로 가면서 북극해 툰드라, 관목
성 툰드라, 수목이 자라는 툰드라로 바뀐다. 북극해 툰드라는 이
끼류인 선태류와 균류와 말류의 공생체인 지의류(땅옷식물)만
자란다. 관목성 툰드라에는 이끼, 지의류, 초본식물, 키 작은 자
작나무류, 관목성 버드나무류가 많다. 수목이 자라는 툰드라에
는 하천 주변과 계곡에 키 작은 자작나무류와 잎갈나무류, 가문
비나무류가 분포한다.

타이가는 툰드라 남쪽인 북위 50~70도에 나타나는 북방림이
다. 타이가는 여름 월평균 최고기온이 10도보다 높은 곳으로, 상
록침엽수인 가문비나무류, 전나무류와 낙엽침엽수인 잎갈나무
류 같은 바늘잎나무숲이 발달한다. 습윤한 타이가에는 가문비나
무류와 전나무류 삼림이, 한랭 건조한 타이가에는 잎갈나무류,
배수가 잘되는 곳에는 소나무류, 관목, 목초가 주로 자란다.

과거에는 전 세계에서 사용하는 목재의 많은 양을 열대우림에
서 조달했다. 그러나 대규모 벌목, 상업용 작물의 경작지 조성,
지하자원 개발이 이어지면서 열대우림의 생물다양성이 급감하
고 기후변화에도 부정적이라는 국제적인 비판 때문에 열대우림
의 개발이 어려워졌다. 이에 따라 열대우림에서 생산되던 목재
를 타이가에서 공급하면서 타이가의 침엽수림 면적은 빠르게
줄어들고 있다.

최근에는 타이가 지역에서 원유와 천연가스, 석탄 같은 화석
연료와 지하자원을 채굴하고, 대규모 산불까지 자주 발생하면서

타이가의 면적이 더욱 급격하게 줄어들어 기후변화와 생물다양성 감소 같은 부작용이 커지고 있다. 툰드라와 타이가는 기후와 자연조건 때문에 수목 생장이 더딘 곳으로, 훼손된 식생은 쉽게 회복되지 않는다.

주인 없는 산이
있을까

망가지면 되돌릴 수 없다

우리 조상들은 봄이 되어 가을에 추수했던 먹을거리가 바닥나는 보릿고개가 오면 끼니를 때우기 위해 산나물과 나무순, 때로는 나무 속껍질까지 채집해 허기진 배를 그나마 채웠다. 우리가 먹는 나물들의 종류가 많다는 것은 그만큼 먹을 것이 부족해 생긴 결과이지만, 우리 산의 생물다양성이 풍부하다는 의미이기도 하다.

여름에 산을 푸르게 하는 울창한 숲은 더운 대지를 식혀주는 천연 냉장고 기능을 했으며, 항상 시원하고 맑은 물을 공급하는 수원지였다. 아울러 숲은 거대한 물탱크 역할도 했다. 장마와 태풍으로 폭우가 내릴 때 산에 있는 기름진 겉흙이 빗물에 휩쓸려 일시에 하천으로 흘러넘치는 피해를 줄여 홍수와 산사태를 막았다. 우리 민족은 산과 물을 잘 다스리는 치산치수를 중요한 덕목 가운데 하나로 삼았으며, 그 안에서 자연의 질서와 섭리를 깨우치고 함께 살아가는 법을 배우고 실천했다. 가을이 되면 산에 있는 풀과 나무는 열매, 뿌리, 버섯 등 여러 가지 먹을거리를 사람들에게 공급해 한겨울에 굶주리지 않도록 하는 곳간이었다. 튼실한 나무는 생활 도구, 농기구, 가구를 만들고 집을 짓기에 요긴한 재료였다.

우리나라의 겨울은 매우 춥고 길어 따뜻한 집과 아궁이에 불을 피워 방을 덥히는 온돌은 겨울을 넘기는 데 필수적이었다. 겨울나기 옷가지와 김장을 준비하는 것만큼 밥을 짓고 방을 지피기 위해 장작과 땔감을 준비하는 것 역시 빠뜨릴 수 없는 일이었다. 이런 나무를 공급해주는 곳도 산이었다. 과거에는 의식주와 일상생활의 거의 모든 것을 산과 숲에 의존했다고 해도 과언이 아니었다.

도시의 각박한 일상과 끊이지 않는 스트레스, 전염병의 공포에 따른 모르는 사람들에 대한 불신을 잊기 위해 산과 숲을 찾는 사람들이 늘고 있다. 의식주를 해결하는 일차적인 욕구를 벗어나 마음을 다스리는 녹색 공간에 대한 새로운 수요를 이제 산과 숲이 감당하고 있다.

우리 뒤에 있는 주인

우리 조상들은 자연을 이용하되 자신뿐만 아니라 후손을 위한 배려를 잊지 않았다. 산나물을 채취하되 한꺼번에 모두를 캐지 않았고, 버섯을 딸 때도 포자를 날려 어린 버섯이 자리할 수 있도록 일부를 남겨두었다. 감나무의 감을 거둘 때도 익은 감 몇 개를 까치밥이라는 이름으로 남긴 것은 까치를 위해서이기도 했지만, 떨어진 씨앗에서 새로운 싹이 돋아나 숲을 이루는 생태계의 천이를 배려한 것이다.

지역 발전을 꾀하고 장애인과 노인들의 접근성을 높인다는 명목으로 높은 산까지 케이블카, 산악열차, 모노레일, 숙박시설 등을 건설하려는 개발 요구가 설악산, 지리산, 한라산 등 전국적으로 논란이 되고 있다. 이 때문에 수백 년에 걸쳐 형성된 원시림은 잘리고 산양과 같은 야생동물의 서식지가 교란된다고 반대하는 목소리가 크다.

산자락에 만들어진 둘레길은 자연 생태적으로 취약한 산꼭대기를 오르지 않고도 많은 관광객이 오랫동안 머물며 지역 주민들의 고용과 수익을 창출하는 사례다. 그러나 지역의 특성을 살리지 못하고 전국 어디에서나 볼 수 있는 시설들 때문에 이용객이 가파르게 줄어들어 내리막길에 있다는 소식을 자주 듣는다. 지역 발전을 위해 지자체가 해야 할 일은 지역성을 반영해 다른 지역과 차별화되는 자연환경, 전통문화, 특산물, 생태 체험 관광 등을 개발하는 것이다. 도시의 소비자와 지역 생산자를 이어 지역 주민들에게 직접 이익이 되도록 해주고, 도시 사람들이 다시 찾고 싶은 지속 가능한 상생 프로그램을 개발해야 한다.

산이든 강이든 한 번 망가지면 그 지역만의 자연생태계는 되돌릴 수 없다. 조상들이 산에 들 때 발걸음에 땅에 있는 벌레가 밟혀 죽는 것을 줄이기 위해 튼튼하고 오래 신어도 헤지지 않는 십합혜 대신 짚을 느슨하게 짠 오합혜를 신었다는 것이 어떤 의미인지 되돌아봐야 한다.

소리 없이 울고 있는 중

황폐한 산림을 푸르게 만들려는 정책과 국민들이 피와 땀으로 숲을 가꾼 덕분에 우리나라는 모범적인 조림 국가가 되었다. 산림녹화는 경제 발전, 민주화, 정보화와 함께 국제사회가 주목하는 대한민국의 자랑거리다. 그런데 설악산국립공원 산정과 가까운 봉우리에 케이블카를 건설해 지역경제를 활성화하겠다는 계획으로 개발하려는 지자체와 기업, 이를 반대하는 환경단체와 전문가들 사이에 갈등이 심했다. 높은 산 정상부의 개발은 경제적인 효과보다 자연생태계에 부담과 피해를 주는 무리한 계획이라는 우려가 컸다. 산정에 케이블카와 호텔을 건설한 유럽은 자연환경과 풍토, 문화가 우리와 다르다. 이런 시설은 산정 개발에 따른 부작용에 대한 인식이 깊지 않았던 과거의 산물이기도 하다.

봄철 고온 건조한 날씨, 여름철 폭우와 태풍, 겨울철 강풍과 혹한, 안개가 잦은 변화무쌍한 기후와 함께 특유의 식생, 지질, 지형, 토양을 가진 백두대간에 유럽을 사례로 삼아 산정 개발을 추진하는 것은 부적절하다. 삼림한계선 위에 발달하는 수직식생대인 고산 관목대나 고산 초원대에 교통과 숙박시설을 건설한 외국과는 달리 설악산 끝청(해발고도 1,610m) 일대의 산정은 다양한 식물이 자라고 산양 등 멸종위기 동물의 서식지가 포함된 삼림지대다. 이곳에 케이블카와 인공시설을 건설, 운영하는 과정에서 산림과 생태계의 피해와 환경오염은 불가피하다. 이는 탐방로가 아닌 설악산 권금성 케이블카 종착지 부근의 헐벗은 능선과 봉우리에서 확인할 수 있다. 또한 강풍, 산불, 태풍, 혹한, 폭설, 산사태 등이 발생하면 되돌릴 수 없는 인명 및 재산 피해로 이어질 수 있다.

고산과 아고산은 사면의 경사가 급하고, 기반암이 노출되어 토양층이 얇으며, 기후가 열악하고, 생태계는 연약해 외부의 작은 충격에도 쉽게 자연생태계가 교란되고 파괴된다. 생태계의 훼손과 파괴에 따른 외부 충격에 대한 복원력이 낮아 시간이 지나도 원상복구가 힘들거나 회복할 수 없다. 산림 남벌 피해를 본 지리산의 제석봉, 대청대피소가 있었던 설악산 대청봉, 침식과 붕괴가 진행 중인 한라산 백록담 분화구와 정상부 일대는 많은 투자와 노력에도 불구하고 생태계가 원래 모습을 되찾는 데는 시간이 필요하다.

개발보다 콘텐츠가 앞서야

백두대간과 한라산의 산정에 분포하는 극지고산식물은 한반도의 생물다양성을 높여주는 주역이자 지구상 분포의 남방한계선으로, 한반도의 자연사를 복원하는 중요한 열쇠다. 또한 이들은 기후변화가 생태계에 미치는 영향을 관측하는 살아 있는 지표종으로 세계적인 가치를 인정받은, 반드시 보전해야 하는 식물이다. 무리하게 산정을 개발하는 것이 적절하지 않은 이유다.

산지 개발로 지역의 경제 활성화를 추진해야 한다면 국립공원, 천연보호구역, 자연생태계보전지역, 산림유전자원보전지역 등 국가가 자연생태계와 산림 보전을 위해 법률로 지정한 구역의 바깥을 대상으로 해야 한다. 동시에 만들려는 시설이 그 지역의 특성에 맞고, 지속 가능하며, 다른 지역과 차별화되고, 장기적으로 경쟁력이 있는지 등 타당성을 엄격하게 검토해야 한다.

개발에 따른 이익을 소수의 특정 집단이 차지하는 것인지, 지역 주민들의 소득을 늘리고 지역경제의 활성화에 얼마나 이바지할지를 종합적으로 살펴야 한다. 의욕적으로 국가의 재정을 투입해 건설했으나 사람들로부터 외면받고 운영조차 어려워져 지역과 정부에 부담을 주는 사례는 주변에서 어렵지 않게 찾을 수 있다. 더구나 누구도 현실성 없는 사업에 따른 재정적 부담, 사회경제적 손실을 책임지려 하지 않는다. 공공 개발 사업의 효율을 높이고 실패를 줄이기 위해서는 정책에 관여한 사람의 실명화를 도입해 사후에 성과를 평가하고 책임성을 높이는 것이 필요하다.

오랜 시간에 걸쳐 많은 사람의 피와 땀으로 가꾼 생물다양성과 삼림생태계를 단기적인 이익의 희생물로 삼겠다는 것은 부적절하다. 국가의 산지 보전 정책은 일관성을 유지하면서 특정 지역이나 계층에 편익이 치우치지 않고, 국민 모두와 미래세대의 이익을 우선 고려해야 한다. 일제가 강점기에 우리 민족의 정기를 꺾기 위해 산정에 쇠말뚝을 설치했다고 분개하며 이를 제거해야 한다는 기사가 언론에 오르내린 것이 엊그제 같다. 당국이 고민해야 할 문제는 산정의 시설이 아니라 방문객을 감동하게 해 체류 기간을 늘리고 지역 주민의 소득을 창출할 수 있는 자연, 생태, 역사, 문화, 특산물, 관광 콘텐츠의 발굴과 지속 가능한 생태 체험 관광 프로그램 개발이다.

산에서 만나는
모두의 생태계

한반도의 허파, 백두대간

한반도는 신생대 제4기 동안 있었던 여러 차례의 빙하기와 간빙기 때마다 생사의 갈림길에 섰던 유라시아 북동부의 생물종이 추위와 기후변화를 피해 이동했던 통로와 피난처로서 매우 중요한 역할을 했으며, 우리나라뿐만 아니라 동아시아의 생물종 다양성 유지에도 큰 기능을 수행했다. 한반도의 산지는 해안부터 내륙까지 높고 낮은 산지가 각기 다른 지형, 기후, 토양, 식생 등 다양한 자연환경과 생태계를 발달시켜 왔다. 그 결과 한반도는 우리나라에서만 자라는 많은 특산 동식물을 진화할 수 있게 한 공간으로서 생물종의 다양성을 이어왔다.

우리나라에서 하늘과 땅이 만나는 곳에는 넓고 먼 지평선이 보이는 대신 높고 낮은 산들이 항상 자리하고 있다. 단군신화에서도 산은 하늘과 땅을 이어주는 다리로 상징적인 의미를 지닌다. 이처럼 산은 우리 민족의 정신과 일상생활 그리고 문화에 깊은 영향을 끼쳐 왔다. 그러나 지금 우리의 생명 원천인 산과 강은 뼈가 부러지고, 살이 찢어지고, 피부가 벗겨져, 피가 넘쳐흐르는 중병을 앓고 있다. 이에 따라 우리의 산과 강을 전통적인 가치에서 재조명하고 재정립하려는 노력이 절실하다.

과거에 널리 사용하던 산맥체계는 지질구조선, 조산운동, 요곡운동 등 지각운동과 기후의 영향에 따른 풍화와 침식, 산맥의 방향성을 바탕으로 구분한 것이다. 한반도에는 등뼈와 같은 산맥으로서 우리나라 방향의 태백산맥과 낭림산맥을 중심으로 많은 산맥이 지나 방향 또는 중국 방향, 랴오둥 또는 요동 방향으로 가지를 치며 발달한다. 북서쪽에는 함경산맥과 마천령산맥이 교차하고 있다. 이 산맥체계는 1930년대부터 교과서에 널리 사용되었으나 얼마 전부터 사회 일부에서 이의를 제기했다.

조선 영조 때 편찬한 《산경표》등 고문헌에서는 한반도의 산줄기를 1대간 1정간 13정맥으로 나누었다. 북한은 이를 토대로 현대의 산맥체계와 백두대간의 산맥체계를 혼합해 사용하고 있다. 산맥을 산줄기로 부르고 있는데, 그중 백두산대산줄기가 중심을 차지한다. 《산경표》의 백두대간과 크게 다르지 않은 백두대산줄기를 이루는 부분산줄기에는 백두산, 부전령, 북대봉, 마식령, 태백산, 소백산, 지리산의 일곱 줄기가 있다.

2005년 1월 1일부터 시행되고 2009년 3월 5일에 개정된 '백두대간 보호에 관한 법률'에는 "백두대간이라 함은 백두산에서 시작해 금강산, 설악산, 태백산, 소백산을 거쳐 지리산으로 이어지는 큰 산줄기를 말한다"라고 정의했다. 백두대간은 백두산에서 시작해 낭림산, 금강산, 설악산, 태백산, 속리산, 덕유산을 지나 지리산에 이르는 한반도의 중심 산줄기다. 특히 백두대간은 휴전선 이북의 해발고도 2,000m 이상의 고산들과 휴전선 이남의 지리산, 설악산, 덕유산, 계방산, 함백산, 가리왕산, 태백산, 오대산, 속리산 등 1,500m 이상의 높은 산이 대부분 포함된 한반도의 등줄기며 생명선이다.

　한반도의 생명선인 백두대간은 생태 지리적인 면에서 매우 중요한 산줄기다. 백두대간은 우리나라의 주된 산들이 자리 잡은 한반도의 지붕이며, 큰 강을 포함한 많은 하천의 발원지로서 생명력이 시작되고 이어지는 중심지다. 또한 백두대간 자체가 가장 한국적인 자연경관이자 유구한 역사의 산물인 자연유산이다. 아울러 백두대간의 고산과 아고산 지대는 생태적으로 매우 손상되기 쉽고 불안정한 생태계를 이루고 있어, 한 번 훼손되거나 파괴되면 본모습으로 복구하기가 불가능하거나 매우 더디다.

　백두대간은 극지고산생물부터 난온대성 생물까지 다양한 생물상이 자리하고 있을 뿐만 아니라 백두대간과 사방으로 연결된 모든 산줄기와 하천, 그 안의 동식물에 생명력을 주는 원천이자 저장고다. 더구나 백두대간은 지질시대 이래 빙하기와 간빙기가 교차할 때마다 동식물의 이동통로 혹은 피난처로 이용되어 오늘날의 생물종 다양성을 있게 한 모태다. 미래에 발생할 수 있는 환경 파괴와 변화의 부작용 및 피해를 흡수할 완충지로 기능할 공간 역시 백두대간이다.

한편, 현재 백두대간의 곳곳은 자연생태계보전구역, 자연환경보전지역, 천연기념물보호구역, 특정야생동식물보호구역, 산림유전자원보전지역, 국립공원 등의 자연공원으로 지정될 정도로 귀중한 자연문화유산이다.

남북의 식물이 공존하는 곳, 설악산

남북한을 이어주는 백두대간의 허리에 위치한 설악산은 온대북부의 대표적인 숲으로, 신갈나무와 서어나무, 당단풍 등 낙엽활엽수와 소나무·잣나무·분비나무·주목 등 상록침엽수, 그리고 산정 부근의 바람꽃·꽃쥐손이·등대시호 등 고산식물이 자라고 있다. 눈잣나무, 눈측백, 쪽버들, 새양버들, 덤불오리나무, 이노리나무, 흰인가목, 붉은인가목, 노랑만병초, 홍월귤 등 북방계 식물이 분포하는 남방한계선이자 때죽나무, 장구밤나무, 사람주나무, 설설고사리, 모데미풀, 지리대사초와 같은 남방계 식물이 자라는 북방한계선으로, 식물 지리적으로 중요하다.

설악산에서는 해발고도에 따라 자생하는 나무들이 저마다 다르다. 1,500~1,708m 일대에는 눈잣나무와 눈주목 등 상록침엽수와 세잎종덩굴, 댕댕이나무, 떡버들, 흰인가목, 땃두릅나무 등 낙엽활엽수가 흔하다. 높이 1,000~1,708m에는 주목, 노랑만병초, 덤불오리나무, 홍괴불나무 등이 분포하며, 해발 500~1,708m 사이에는 눈측백, 분비나무, 거제수나무, 사스래나무, 산앵두나무, 털진달래 등이 산다. 미역순나무, 마가목, 철쭉, 신갈나무, 시닥나무는 200~1,708m 사이에서 자란다. 설악산 정상 일대에 분포하는 희귀 및 멸종위기식물 가운데 보존 우선순위가 높은 종은 설악눈주목, 눈잣나무, 눈향나무, 솜다리, 들쭉나무, 구름송이풀 등이다.

설악산 정상 부근 아고산대에는 눈잣나무가 많이 분포하며, 이 나무 주변에는 분비나무, 눈주목, 눈측백 등 상록침엽수와 함께 털진달래, 신갈나무, 사스래나무, 시닥나무, 철쭉과 같은 낙엽활엽수가 같이 자란다. 그 밖에도 노랑만병초, 만병초, 마가목, 덤불오리나무, 산앵두나무, 미역순나무, 거제수나무, 땃두릅나무, 댕댕이나무가 더불어 산다.

바람받이인 대청봉 남서사면은 눈잣나무가 우점하는 곳으로 털진달래와 신갈나무, 분비나무가 섞여 자란다. 바람이 불어가는 방향인 대청봉 북동사면은 바람에 불려온 눈이 두껍게 쌓이고 안개가 자주 끼며, 사스래나무와 눈잣나무, 눈측백, 시닥나무, 마가목 등이 나타난다. 대청봉 남사면에도 한랭한 기후에서 경쟁력이 있는 사스래나무의 순군락이 발달하고 있다. 사스래나무는 동북아시아 아고산대에 가장 널리 분포하는 종의 하나로, 경사가 가파르고 토심이 얕고 수분이 적은 곳에서 침엽수보다 잘 자라는 천이 과정에 경쟁력이 있으며, 아고산대의 지표종이다.

이처럼 1,708m 높이인 대청봉에서 1,670m의 중청봉을 거쳐 소청봉에 이르는 능선을 두고 남서사면과 동북사면의 식생이 다른 것은 바람에 의한 기온 차이, 쌓인 눈의 깊이와 쌓여 있는 기간의 차이, 토양 유기물의 차이 등에 따른 것이다. 설악산의 낮은 고도에는 남방계 식물이 자라고, 고도가 높아질수록 북방계 식물이 많다. 강하고 지속적으로 부는 서풍에 노출된 대청봉에서 소청봉에 이르는 능선의 남서사면에는 빙하기의 유존종인 한대성 식물이 작고 뒤틀어져 자라고, 국지적인 탁월풍으로부터 보호받는 북동사면에는 같은 나무라도 곧게 자란다.

설악산 대청봉의 식생

대청봉에서 중청봉에 이르는 설악산 정상 일대에는 다른 곳에서 볼 수 없는 눈잣나무, 눈측백, 눈주목, 분비나무, 사스레나무, 노랑만병초, 월귤, 홍월귤 등 빙하기 유존종 식물이 눈에 띈다. 아울러 분비나무, 사스레나무, 신갈나무 등이 큰키나무 형태로 자라지 못하는 삼림한계선이 나타나고, 일정한 방향으로 기울어 자라는 편형수(편향수)를 만들거나, 키가 작고 뒤틀어져 기형적으로 자라는 나무인 왜성변형수, 그리고 나무가 땅 위를 기면서 자라는 포복형 나무 등 아고산대의 전형적인 식생 경관과 마주할 수 있다.

설악산은 재목으로 쓸 수 있는 나무가 자라는 삼림한계선 또는 용재한계선과 나무가 자라는 한계선인 교목한계선이 나타나는 절대적인 해발고도는 정해져 있지 않고 산지의 여건에 따라 달라진다. 보통 바람으로부터 보호되는 사면과 남쪽 사면에 삼림한계선이 더 높이 나타나지만, 한라산의 경우처럼 국지적인 기후와 토양 조건에 따라 남사면의 삼림한계선이 북사면보다 낮은 고도에 나타나기도 한다.

삼림한계선보다 높은 고도에 자라는 나무는 한라산의 구상나무와 설악산의 분비나무, 눈잣나무, 사스래나무 등으로, 키 작고 뒤틀려 자라는 모습이 흔하다. 높은 산의 교목한계선 근처에 사는 나무는 키가 작고 뒤틀려 자라거나 왜소하게 굽은 모습을 한 나무가 많다. 나무가 이런 모습을 띠는 것은 낮은 기온과 강한 겨울바람, 차고 건조한 봄바람과 더운 여름의 기후 등이 복합적으로 영향을 미친 것이다.

바람받이인 대청봉 남서사면 해발고도 1,650m 일대에는 키가 3~5m인 분비나무의 교목한계선과 키 작고 뒤틀어 자라는 나무가 나타난다. 대청봉과 중청봉 사이에 낮은 능선인 고도 1,550m 일대에는 분비나무를 비롯해 교목이 거의 자라지 못하고, 키가 1m에 미치지 못하는 신갈나무와 눈측백, 눈주목이 뒤틀려 자라는 것을 볼 수 있으며, 털진달래 등의 관목이 자라는 국지적인 교목한계선이 나타난다.

대청봉과 중청봉 사이의, 말안장같이 낮은 능선의 교목한계선이 약 1,550m에 나타나는 것은 강풍에 의한 국지적인 산정효과의 영향이다. 즉 잦은 강풍에 의해 능선의 눈이 쌓이는 적설심도가 얕아져, 땅 위에 자라는 나무는 얼음 조각이나 눈에 의한 마찰에 의한 기계적인 피해와 함께 추위와 건조에 의한 생리적인 장애 때문에 자랄 수 없어, 능선보다 낮은 고도에 교목한계선을 보인다.

대청봉 서쪽사면과 남서사면 1,650~1,550m에 이르는 교목한계선에 자라는 나무는 분비나무, 사스래나무, 신갈나무 등이고, 아래층에는 땅 위를 기는 눈잣나무가 우위를 점하고 부분적으로 털진달래, 눈측백이 섞여 자란다. 대청봉과 중청봉 일대 서쪽 사면에 나타나는 교목한계선은 겨울과 이른 봄철 강한 바람과 낮은 기온에 따른 기계적인 마찰 피해와 생리적인 건조 피해 때문에 나타난다.

기후변화로 위기에 선 설악산

한편, 설악산 정상 일대의 바람이 불어오는 쪽의 반대편 사면인 대청봉과 중청봉 북사면과 동쪽사면에는 키가 2~4m 정도인 사스래나무, 분비나무, 마가목과 같은 교목과 눈잣나무와 같이 땅 위를 기는 나무가 정상과 능선까지 비교적 울창한 식생을 이룬다. 여기에는 교목한계선을 찾을 수 없고 키 작고 뒤틀어 자라는 나무도 거의 찾아볼 수 없다. 이처럼 이곳에 교목한계선이 나타나지 않는 것은 지형적으로 한랭건조한 겨울 북서계절풍을 피할 수 있고 겨울철 강풍에 의해 쌓인 눈이 봄철 건조기에 수목의 생장과 활동에 필요한 수분을 토양에 안정적으로 공급해주기 때문이다.

고산대나 아고산대에 부는 겨울과 이른 봄철의 강한 바람은 나무의 줄기, 가지 잎에 기계적인 마찰 피해를 줄 뿐만 아니라 과도한 증발산으로 나무가 말라 죽는 생리적인 건조 피해를 가져온다. 식물의 생장이 활발해지는 봄에 기온이 높아지면 식물의 가지나 줄기는 광합성을 하면서 뿌리로 많은 양의 물을 흡수한다. 그러나 아직 땅이 녹지 않거나 건조해 뿌리를 통해 물이 충분히 공급되지 않은 상태에서 따뜻하고 건조한 바람이 불면 수분 부족으로 식물은 생리적인 건조 피해를 겪는다.

바람에 의한 건조 피해는 풍속이 빠를수록 커지는데, 특히 봄철에 일정한 방향으로 강하게 부는 탁월풍은 나무의 줄기와 가지를 바람 부는 반대쪽으로 휘게 해 나뭇가지가 바람 반대 방향으로 치우쳐 자라는 편형수를 만들거나 잎들을 떨어뜨리기도 한다. 가을부터 봄까지 높은 산에 쌓인 눈 위에 노출된 나무줄기나 가지들은 강한 바람과 함께 날리는 얼음 알갱이와 눈에 의한 기계적인 마찰을 일으켜 나뭇가지와 줄기들이 부러지거나 마모되어 기형적인 모습을 이루는 왜성변형수가 나타난다. 키 작고 뒤틀려 자라는 나무는 분비나무와 같은 상록침엽수에서 두드러진다.

산에 눈이 쌓인 적설량과 쌓여 있는 기간은 지형과 바람의 영향을 크게 받으며, 이는 식물들에게 도움을 주기도 하지만 피해도 준다. 쌓인 눈은 이불처럼 겨울철에 한랭건조한 대기로부터 식물을 보호해줄 뿐만 아니라 강풍에 의한 마찰 피해를 줄여주고 수분을 안정적으로 공급해주는 역할을 한다. 그러나 눈이 많이 내려 오랫동안 쌓여 있으면 습기 때문에 균류가 많이 발생해 나무가 썩는 피해를 준다. 쌓인 눈은 식물의 생육기간을 짧게 하고, 땅속뿌리의 발달을 방해하며, 나무를 키 작고 뒤틀어 자라게 한다.

키 작고 뒤틀어 자라는 나무인 왜성변형수는 고산이나 아고산의 교목한계선 근처에서 흔히 발견되는 현상으로, 정상적으로 자라면 곧고 굵게 자랄 수 있는 나무가 비정상적으로 작고, 뒤틀리고, 변형되어 자라는 것이다. 교목이 키 작고 뒤틀어 자라는 것은 산지의 강한 바람에 의한 비정상적인 겨울 건조와 얼음 조각 등에 의한 기계적인 마찰, 모래나 눈에 의한 마찰, 그리고 쌓인 눈에 의한 설압이 복합적으로 작용한 결과다.

누구를 위한 산인가

설악산의 분비나무, 잣나무와 같이 높은 산에 자라는 나무는 세 가지의 키 작고 뒤틀어 자라는 모습을 나타낸다. 첫째, 생장기에 부는 국지적인 강풍인 탁월풍에 따라 바람 부는 반대 방향으로 나뭇가지가 기울어져 자라거나 기형적인 편형수 모습을 보인다. 둘째는 태풍과 같이 일시적으로 보는 강한 바람에 의해 줄기의 중간이 부러져 굵고 낮게 자란다. 셋째, 늦가을과 겨울에 쌓인 눈 위에 노출된 줄기와 나뭇가지가 마찰이나 건조로 피해를 받고 눈 밑에 보호되는 줄기와 가지가 남아 있는 기형적인 형태로 자라는 것을 볼 수 있다.

대청봉과 중청대피소를 잇는 능선 양측은 눈잣나무 군락이 넓게 자리하며, 다른 교목이나 관목도 왜소한 모습으로 자란다. 북동사면은 눈잣나무, 눈측백에 이어 설악눈주목, 마가목, 사스래나무, 신갈나무, 병꽃나무 등이 섞여 자란다. 북동사면의 눈잣나무와 눈측백의 생장 상태가 남서사면의 나무들보다 좋은 것은 바람의 영향이 적고, 토심이 깊으며, 적설에 의한 보온이 가능할 뿐 아니라 수분 공급으로 식물의 생육이 유리하기 때문이다. 그러나 등산로 주변의 눈잣나무와 눈측백은 강수와 강풍에 의해 표토가 유실되어 뿌리가 밖으로 드러나는 등 모습이 심하게 손상되었다.

설악산 정상인 대청봉(해발고도 1,708m) 일대와 중청봉(해발고도 1,664m)을 거쳐 소청봉에 이르는 능선에서는 지면을 기면서 카펫처럼 자라는 포복형의 눈잣나무를 볼 수 있다. 바람이 강하지 않은 곳에서는 눈잣나무가 곧게 자라기도 한다. 땅 위를 기면서 카펫처럼 땅 위를 덮고 자라는 눈잣나무는 국지적인 탁월풍에 직접 노출된 산정이나 능선에 주로 분포하며, 줄기가 동북 방향을 향해 눈잣나무의 생장기 동안 탁월풍이 남서풍임을 알 수 있다.

설악산 정상 일대와 대청봉에서 소청봉(해발고도 1,673m)에 이르는 산정 능선은 식물의 생육에 좋은 환경은 아니다. 특히 겨울에서 이른 봄까지 강풍과 낮은 기온 때문에 눈이 쌓이지 못하고 바람에 불려 날아가므로 이곳의 식물은 심한 추위와 건조에 놓인다. 강풍은 지면의 표토와 낙엽 등 유기물을 침식시키고 이동시켜 토양을 척박하게 한다. 더욱이 대청봉을 등반하는 주 등산로가 대청봉과 소청봉을 지나, 등산객의 발길에 식생이 밟혀 죽고 표토가 쓸려 사라지는 탐방객의 발길에 의해 생기는 답압의 부작용이 흔하다. 이것이 심하면 기반암까지 노출되어 눈잣나무를 비롯한 아고산 식생에 치명적인 피해를 줄 수 있다.

설악산이 살아야 백두대간이 산다

설악산은 고산식물에서 난온대성 식물까지 다양한 식물이 자라며, 중부지방 생물종 다양성의 핵심지이고, 백두대간을 통해 남북으로 생물이 이동하는 통로이며, 빙하기에 생물들이 살 곳을 찾아 옮겨온 피난처이고, 유전자와 생물종 다양성의 보고로서 식물 지리적으로 중요한 장소다.

설악산 아고산대는 삼림한계선에서 교목한계선에 이르는 바뀌어 가는 경관을 볼 수 있는 생태적 점이대로 관목이나 작은 교목이 주로 자라며, 왜성변형수·편형수·포복형 나무 등의 기형적인 수목 형태가 나타난다. 이곳은 고유한 식생 구성과 경관을 가지며, 눈잣나무를 비롯해 북방계 식물의 세계적인 분포상 남방한계선이며 눈측백 등 특산식물의 산실이다.

설악산의 아고산대 수종에서 나타나는 편형수, 왜성변형수, 포복형 나무 등 기형적인 형태는 주로 기온과 바람, 적설 등 겨울철 환경에 지배받지만 다른 계절의 기후와도 관계된다. 다양한 형태의 키 작고 뒤틀어 자라는 나무는 늦가을부터 이른 봄에 이르는 강풍에 의한 모래, 얼음 알갱이, 눈에 의한 기계적인 마찰과 함께 건조와 한랭 피해, 쌓인 눈에 의한 압력 등 생리적인 스트레스가 복합적으로 작용했다.

대청봉과 중청봉 사이의 말 안장처럼 고도가 낮은 곳에서 교목한계선이 국지적으로 낮아지는 것은 잦은 강풍으로 적설심도가 얕아져 추위와 건조 때문에 기계적인 마찰 피해와 생리적인 스트레스로 인한 산정효과의 결과로 볼 수 있다. 산지에서 풍속이 증가할수록 저온과 건조 피해는 커져 편형수, 포복형 나무, 키 작고 뒤틀어 자라는 나무가 흔해지고 교목한계선의 고도는 낮아진다.

설악산의 눈잣나무는 여름 기온이 상대적으로 낮은 1,500m 이상의 아고산대에서 연속 분포하며, 강풍과 저온에 적응해 다양한 모습의 외관형을 보이며 우점한다. 아고산대 식물은 과거 빙하기 동안의 자연사를 복원하는 지표종일 뿐만 아니라 현재 환경을 이해하고, 장차 당면할 지구온난화와 환경변화를 관측할 수 있는 지표종으로도 사용할 수 있다.

도시로 온
나무들

숲과 함께 만나는 도시

　건물 옥상에 정원을 만들고 건물 벽면에 덩굴식물이나 화분을 설치해 식물들이 자라도록 하면 어떨까? 세계적으로 건물의 안과 밖에 정원을 가꾸고, 자연적인 순환이 가능한 친환경 건물을 만드는 녹색 건물 운동이 널리 퍼지고 있다. 요즘에는 백화점, 식당, 카페에도 실내 숲을 만들어 고객들의 만족도를 높이는 기업도 많아졌다.

　도시에 숲이 늘면 어떻게 달라질까? 도시숲을 만들면 도심의 온도가 내려가고, 소음이 줄어들며, 미세먼지를 줄이고, 빗물을 흡수해주고, 곤충과 새가 사는 작은 생태계인 비오톱이 만들어진다. 도시숲과 가로수를 연결하면 도시 내 녹지가 고립된 섬이 아닌 서로 연결되는 생명띠가 이어진다. 가정과 학교에 크고 작은 쌈지 숲, 공원, 가로수, 건물 옥상과 벽면에 정원을 만드는 수직 정원, 물길과 산들을 거미줄처럼 연결하는 생태축과 생태통로를 만들면 도시생태계가 건강해지고 시민들의 삶의 질이 개선될 것이다. 요즘에는 자기가 좋아하는 연예인의 이름을 붙인 조그만 숲을 팬들이 정성을 모아 만들기도 한다.

도시숲은 온난화를 일으키는 탄소를 흡수하고, 지표 온도를 낮추며, 미세먼지를 줄이는 필터 역할을 한다. 나뭇잎은 공기 중의 먼지를 잡아 미세먼지가 다시 날아오르지 않게 해서 공기를 맑게 해준다. 도시숲은 자동차 소음을 75%까지 줄여 도시를 쾌적하게 해준다. 근처에 숲이 있는 아파트를 사람들이 좋아하는 것도 나무가 주는 혜택 때문이다.

숲이 잘 가꿔진 학교의 학생들은 그렇지 못한 학교의 학생들에 비해 집중력과 지적 호기심, 그리고 문제해결력이 높았다고 한다. 초등학생들에게는 이런 효과가 더 큰 것으로 나타났다. 어린아이일수록 숲과 자연을 가까이하면 학습 능력이 높아지고 정서적으로도 큰 도움을 준다. 숲속유치원이 부모들의 관심을 받는 것은 숲의 가치와 혜택에 대한 공감대가 형성되어 있기 때문이다.

숲이 주는 혜택을 돈으로 계산할 수 있을까? 캐나다 토론토 주거지역에서 나무 분포와 주민 설문을 겹쳐 보았더니, 구역마다 나무 10그루만 있어도 정신적 스트레스는 추가 소득 1만 달러와 비슷한 규모로 줄어들었다. 도시 생활에서 숲이 사람의 삶에 선한 영향을 얼마나 미치는지 알 수 있다. 그러나 아직도 여러 이유로 주변 숲이 사라지는 중이다.

도시의 가로수와 그린벨트

옛날에는 5리(약 2㎞)마다 이정표 용으로 오리나무를 심어 거리를 가늠했다. 오리나무는 척박한 땅이나 습지에서도 뿌리혹박테리아의 도움으로 스스로 질소를 고정해 아주 잘 자란다. 길가 어디에 심어도 생존력이 강했기에 길가 나무로도 알맞았다. 우리나라는 조선 고종 2년 때인 1866년 도로 양옆에 나무를 심으라는 왕명에 따라 처음으로 현대적 의미의 가로수를 심었다.

서울의 가로수는 은행나무와 플라타너스가 흔하며, 요즘에는 봄에 하얀 꽃이 피는 이팝나무 등이 시민들에게 사랑받는다. 가장 잘 알려진 가로수길은 강원도 강릉 소나무길, 태백 자작나무길, 경기도 가평의 메타세쿼이아길, 충청남도 천안의 버드나무길, 충청북도 청주의 플라타너스길, 전라남도 담양의 메타세쿼이아길, 전라북도 전주에서 익산 사이의 100리 벚꽃길, 대구 동대구의 히말라야길, 경상남도 하동 쌍계사 벚꽃길, 제주도 먼나무길 등이 있으며, 이들 나무는 지속 가능한 생태관광자원이 되었다.

가로수를 지금처럼 일정한 간격으로 거리를 두고 큰 나무를 한 그루씩 심기보다 큰키나무, 키 작은 나무, 풀 등을 여러 층으로 만들어 가로수를 띠를 이루도록 이어 심으면 자동차 소음을 막고, 대기오염 물질과 미세먼지를 흡수하고, 도시 경관도 아름답게 가꿀 수 있다. 가로수는 봄에 꽃과 잎의 피워 자연의 경이로움을 느끼게 해주고, 여름에 그늘을 만들고, 가을에는 아름다운 단풍을 보여주며, 겨울에도 늘푸른바늘잎나무들은 녹색을 유지하고 새들을 불러들여 도시의 삭막함을 덜어낸다.

가로수와 공원에 나무를 심어 관리하는 것은 관청의 몫이라고 쉽게 생각한다. 하지만 공무원은 국민을 위해 공적인 업무를 대신한다. 주민이 불편하거나 이렇게 하면 더 좋겠다며 건의하고 싶은 것이 있으면 절차에 따라 요청할 수 있다. 시정은 주민들의 참여로 더 알차게 진행된다. 국민은 국방과 납세의 의무와 함께 지역사회가 필요하다고 생각하는 것을 요구하고 잘못된 정책을 고치게 할 권리가 있다. 우리 마을의 숲이 이렇게 바뀌었으면 좋겠다는 의견을 말하는 것은 지역사회의 발전을 위한 일이다.

모두가 도시에 숲이 늘어나는 것을 반길 것 같지만, 나무가 많아지면 불편해지기도 한다. 봄에 꽃이 피면서 많아지는 꽃가루 알레르기로 고통받는 사람, 가로수가 너무 자라 상점의 간판과 건물을 가려 일조권과 조망권이 없다는 상인과 주민들, 전선과 통신선을 관리하기가 어려워진 사람, 은행나무 열매에서 나는 악취 때문에 걷기 불편하다는 사람, 낙엽을 청소하기 힘들다는 사람, 통행과 주차하기 어렵다고 불평하는 사람을 비롯해 여럿이다. 짧은 기간 동안 겪는 불편함과 오랜 시간 동안 우리에게 주는 혜택을 비교하면서 사람들에게 부담을 주지 않는 숲을 늘려야 삶이 쾌적해질 수 있다.

보통 그린벨트라고 부르는 개발제한구역은 도시가 무질서하게 커지는 것을 막기 위한 제도로, 영국에서 시작했고 우리나라에는 1971년에 도입되었다. 개발제한구역 내 토지의 이용을 제한해 도시가 무질서하게 개발되거나 지나치게 넓어지는 것을 막자는 의도로 만들었다. 그린벨트는 도시 주변의 숲을 친환경적으로 활용해서 자연경관과 생물다양성을 보전하고, 상수원을 보호하며, 여유 공간을 만들고, 농경지를 보전하며, 도시의 환경오염을 줄이고, 시민들에게는 아늑한 쉼터다.

그린벨트 내에 숲이 사라지면 숲에서 불어오는 밤바람이 줄어들면서 도심 공기가 정체되고, 이 때문에 도심의 열섬현상을 부추기고, 대기의 질이 나빠진다. 아울러 도심의 미세먼지 농도가 높아지며, 흐르는 물을 걸러 주지 못하며, 도시의 생물다양성이 낮아진다. 그러나 역대 정부마다 개발제한구역에 택지, 공공시설 등 대규모 개발 사업을 추진해, 개발과 보전을 두고 사회적 갈등이 적지 않다.

도시를 둘러싸는 개발제한구역을 훼손하고 조각내기보다는 도시 주변의 그린벨트, 도심의 숲, 공원, 녹지, 하천, 산자락을 서로 연결해 생태통로를 만들면 기후변화, 미세먼지, 소음 피해도 막을 수 있다. 도시 내외의 녹지를 연결하면 생물다양성을 보전하고 자연과 사람이 공생하면서 삶의 질까지 높인다.

도시 속의 새로운 숲

우리나라에는 아직 나무를 심어야 할 곳이 많다. 선진국의 도시를 여행할 때 가장 부러운 것 중 하나는 런던의 하이드파크와 뉴욕의 센트럴파크, 도쿄의 신주쿠공원처럼 넓은 공원과 숲이 시민들 가까이에 있다는 점이었다. 선진국일수록 우리나라처럼 도시에 나무가 없는 회색 도시는 찾기 힘들다. 재개발 과정에서 만들어지는 공간의 일부는 도시 환경과 시민의 건강을 위해 숲을 조성해야 한다.

서울시에는 슬픈 역사를 가진 동네가 있다. 1882년 청나라 군사가 들어와 차지한 뒤 1908년에 청일전쟁에 승리한 일본군의 기지로 사용되었고, 1945년 광복 이후에는 미군이 주둔하다가 경기도 평택으로 이전하면서 140여 년 만에 시민들의 품으로 돌아온 용산 기지 부지가 그곳이다.

용산 기지 부지를 어떻게 활용해야 좋을까? 청년주택이나 임대주택 등 아파트를 지어야 할까? 공연장, 체육시설, 문화센터, 쇼핑몰 등 시민이 즐기는 공간을 만들까? 아니면 기업을 유치해 고용을 늘리면 좋을까? 새로운 대학이라도 세울까? 그것이 무엇이든 오늘을 사는 우리보다 미래세대를 생각한다면 서울에 제대로 된 숲을 만들어 그 선택권을 후손들에게 넘겨주는 것은 어떨까?

용산 기지 부지를 도시 생활에 지쳐 휴식과 위안이 필요한 사람들이 부담 없이 찾는 녹색 공간으로 만들면 여러 가지가 달라지지 않을까? 그곳에 숲이 울창해지면 도심의 온도가 주변보다 높아지는 열섬현상을 막고, 미세먼지로 줄어들 테고, 소음도 줄 것이다. 시민들이 꽃과 나무를 보고 새소리도 들으며 노루가 뛰는 모습도 보면서 산책이나 휴식을 하면 좋지 않을까? 이런 일은 정책을 계획하고 행정을 수행하는 공직자의 일이겠지만, 시민들이 관심을 가지고 소비자이자 유권자로서 권리를 주장해야 한다.

숲은 넓으면 좋겠지만, 면적이 크게 중요하지는 않다. 숲의 형태와 나무의 밀도가 더 의미 있다. 도심에 가로수가 드문드문 자라는 것보다 크고 작은 나무들이 띠를 이루고 층을 만들면 공기 중 이산화탄소도 흡수해 도심의 온도가 주변보다 높아지는 열섬현상을 막을 수 있다. 짙은 숲은 먼지도 거르고, 자동차 소음도 막으며, 동물들에게도 쉼터가 되고, 시민들에게도 그늘을 만들어주고 즐거움을 줄 것이다.

도시를 개발할 때 대형 녹지 한 곳을 만드는 것보다 여러 곳의 중소형 녹지나 작은 쌈지 숲까지 여러 크기의 숲을 여럿 조성하는 것이 열섬현상을 줄이고, 대기의 질을 개선하며, 가까운 숲을 자주 찾게 해 주민들의 건강에도 도움이 된다.

서울시는 쓰레기 매립장인 난지도에 나무를 심어 하늘공원을 만들어 서울 시민들의 휴식 공간으로 조성했다. 대구시는 쓰레기장에 수목원을 만들어 시민들의 휴식 공간으로 꾸며 주민들의 환영을 받고 있다. 하남에 있는 나무고아원은 도시개발 등으로 베어질 위기에 처한 수목을 옮겨 심고 가꾸어 공원과 녹지로 재탄생시키는 공간으로, 산책과 자연 체험을 함께 즐기기 좋은 장소가 되었다. 전라남도 순천의 순천만국가정원에 있는 메타세쿼이아는 광주-대구 사이 고속도로를 확장하면서 뽑은 나무를 옮겨 심어 조성했다. 순천시는 지금도 개발에 따라 뽑힌 나무를 재활용하기 위해 나무은행을 운영하고 있다.

도시에 빈 땅이 적은데 어떻게 숲을 늘릴 수 있을까? 이미 심은 가로수를 살펴보면서 해답을 찾아보자. 도시에 부족한 숲을 늘리는 것이 쉽지 않기 때문에 나무가 자라는 곳을 효과적으로 활용하는 것도 한 가지 방법이다. 우리가 가장 흔하게 보는 나무가 길가에 심어 기르는 가로수다. 기원전 14세기쯤 이집트에서는 무화과나무를, 기원전 5세기경 그리스에서는 버즘나무인 플라타너스를 길가에 심을 정도로 가로수의 역사는 오래되었으며, 가로수의 역사는 도시의 역사이기도 했다.

한편, 일 년 내내 미세먼지와 황사가 심해지면서 공기정화에 도움을 주는 반려식물을 활용한 실내장식인 플랜테리어가 새로운 소비 경향으로 등장했다. 플랜테리어는 정서 안정과 갱년기

우울증 개선에 효과적이어서 고령 세대에게 인기를 끌고 있다. 백화점 문화센터의 플랜테리어 강좌를 듣는 수강생의 65% 이상이 50대와 60대의 중장년층이라고 한다. 식물을 이용해 실내를 자연스럽게 꾸민 동네 카페가 인기 높고, 그런 곳이 늘고 있다.

공생
의
문법

생존과 적응의
경계

곁에서 점점 더 멀어지는

　영국 일간지 《가디언》은 평균기온이 6도 상승하면 2억5,100만 년 전 고생대 페름기 말기와 비슷해져 현존하는 생물종의 95%가 멸종한다고 내다보았다. 지구온난화의 정도가 예상만큼 크지 않아도 생태계에 심각한 영향을 미친다는 주장도 있다.

　유엔생물다양성조약은 기온이 1도 올라갈 때마다 멸종위기 생물종이 10%씩 증가하면서 생물종 다양성에 피해를 준다고 지적했다. 세계자연보존연맹의 보고에 따르면 현재 지구상 2만5,000여 종의 식물과 1,000여 종의 동물이 멸종위기에 놓여 있다. 지금 추세로 생물종이 사라진다면 20년 후에는 100만여 종에 달하는 생물이 멸종한다는 것이다. 원래 생명체는 탄생과 멸종이 주기적으로 반복되기는 하지만, 인류가 지구상에 출현한 이후 멸종 속도는 이전보다 1,000~1만 배 빨라졌다. 지금도 지구에서는 20분마다 하나의 생물종이 사라지고 있으며 그 속도 또한 더 빨라지고 있다.

미국 예일대학이 공개한 2020년 국가별 환경성과지수에서 우리나라는 세계 180개국 가운데 28위를 차지했다. 대기질과 위생·수돗물, 폐기물 관리 등 2개 부문, 11개 분야, 32개 지표에 대한 평가에서 우리나라는 평균 66.5점을 받았다. 1위는 덴마크, 2위는 룩셈부르크, 3위는 스위스가 차지했다. 환경성과지수는 각국이 환경정책 목표를 정할 때 도움을 주고, 유엔의 지속 가능 발전 목표를 달성하도록 환경과 생태계의 건강성 등 각국의 지속 가능성 수준을 비교, 평가하고 있다.

우리나라는 대기질과 수질 등을 포함한 '건강'의 4개 분야 7개 지표에서는 종합 27위였으나 생물다양성 등 '생태계 활력도'의 7개 분야 25개 지표에서는 종합 39위로 낮은 평가를 받았다. 생태계 활력도 부문 중에서 생물다양성과 서식지 분야는 84위로 쳐졌다. 특히 국가별 육상 보호구역 내 생물종이 국토 전체의 생물종 수에서 차지하는 비율인 보호구역의 대표성 지수는 128위로 매우 낮았다. 생태계가 이산화탄소 흡수와 생물 서식지 제공 등과 같이 인간의 복지와 환경에 제공하는 서비스를 뜻하는 생태계 서비스 분야는 100위, 숲 면적 감소 지표는 81위, 초지 면적 감소 165위, 습지 면적 감소는 115위였다.

기후변화 분야는 전체적으로 50위를 기록했지만, 1인당 온실기체 배출량 158위, 육지로부터의 이산화탄소 배출 122위, 온실기체 증가 속도 75위, 국내총생산이 일정 수준 증가할 때 온실기체가 얼마나 늘어났느냐를 따지는 온실기체 강도 증가 속도는 106위로 국제적 경쟁력이 매우 낮았다. 온실기체에 대한 국제적인 규제가 갈수록 강화되고 있으므로 앞으로는 저탄소, 탄소중립 경제 시스템을 만들어야 국제경쟁력을 가지고 번영을 기대할 수 있다.

2020년 세계자연기금은 《코로나19 사람과 자연을 보호하기 위한 긴급 요구》 보고서에서 코로나19와 같이 동물과 사람이 함께 걸리는 인수공통감염병 발생을 일으키는 환경 요인으로 야생동물의 불법 거래와 소비, 산림 벌채와 산업적 토지로 용도 전환, 농경지 확대, 과도한 축산물 생산 등을 지적했다. 특히 "숲의 파괴, 야생동물 소비, 축산시설 확산, 산림 파괴 등 미래 인수공통감염병을 발생하는 조건을 없애지 않으면 전염병이 또 발생할수 있다"고 경고했다.

그들은 이미 알고 있었다

세계자연기금은 2006년에 펴낸 보고서 《살아 있는 지구》에서 1970~2003년 사이 지구상에서 사라진 생물이 육상종의 31%, 민물종의 28%, 바다종의 27%에 이르며, 빠른 멸종의 주범으로 지구온난화 등 기후변화를 지목한 바 있다.

지난 100년 동안 북미 로키산맥의 한랭한 기후에 적응해 살아온 나비 종 상당수가 생활 터전을 잃고 수백 킬로미터 북쪽으로 생활권을 옮겼다. 특히 서부 제왕나비는 1980년대 이후 무려 99.9% 급감한 것으로 밝혀졌다. 나비에게 가장 치명적인 것은 문제는 가을철 온난화로 나타났다. 미국 서부에 서식하는 나비 개체수는 가을철 온난화와 건조화 현상으로 1977년 이후 지난 40여 년 동안 매해 1.6%씩 감소했다. 가을과 여름이 점점 더 길어지고 뜨거워지면서 식물들은 바짝 말라버리고 이는 나비가 섭취하는 과즙 등의 공급 부족으로 이어졌다. 온난해진 겨울은 나비가 겨울잠에 드는 것을 방해했다. 이런 곤충 생태계의 변화를 지구온난화의 영향으로 보는 견해가 많다.

국내에서도 비슷한 현상이 나타났는데, 국립산림과학원에 따르면 기온이 따뜻해지면서 집흰개미의 서식 북한계선이 북위 32도에서 북위 35도까지 올라갔다. 소나무에 피해를 주는 솔나방은 개체수가 급속히 늘어 30년 전 중부지방에서 한 차례, 남부지방에서 한두 차례 산란했으나 1999년 이후에는 5~6월, 7~8월, 10월까지 모두 세 차례나 산란했다.

경기도 광릉과 고령산 앵무봉에 서식하는 195종의 나비들을 대상으로 1958~1959년과 1998~2005년의 조사를 비교한 결과 남방계 나비인 남방부전나비와 대왕나비가 늘었으나 북방계 나비인 도시처녀나비와 들신선나비, 두줄나비는 줄었다. 1938~1950 년과 1996~2011년의 나비 분포 변화를 비교한 결과 남방계 나비의 북방한계선은 지난 60년 동안 매년 1.6km 정도 이동해 점차 북쪽으로 서식지를 옮겨 가는 것이 확인되었다. 이와 함께 외래 곤충인 등검은말벌, 갈색날개매미충 등과 함께 위생 해충인 모기, 진드기 등은 전국적으로 확산세가 뚜렷했다.

제주도 한라산연구소에 따르면 한라산의 고산지대에 서식하는 나비들은 최근 지구온난화와 기후변화로 인해 생존하기 위해 더 높은 곳으로 이동하거나 개체수가 줄어드는 중대한 변화를 겪고 있다. 북방계 나비인 산굴뚝나비는 기온이 오르면서 과거보다 약 200m 정도 높은 해발 1,700m 이상 지역으로 주된 서식지를 옮겼다. 한라산 정상은 공간이 제한적이어서 서식지에서 절멸할 위험이 큰데, 실제로 최근 몇 년 사이 산굴뚝나비 개체수가 약 30% 감소한 것으로 조사되었다. 반면 과거에는 저지대의 따뜻한 곳에서만 살던 배추흰나비, 굴뚝나비, 소철꼬리부전나비 등이 윗세오름 인근인 해발고도 1,700m 일대의 높은 고도에서 발견되었다.

바다에서는 지구온난화에 따른 해수면 상승으로 한류성 어종의 감소, 난류성 어종의 증가, 적조와 갯녹음 발생, 유해성 해파리의 대량 번식 등 다양한 변화를 가져왔다. 수온 상승으로 바닷속 바위에 자라는 해조류가 사라지는 백화현상과 함께 바다의 열대우림으로 불리는 산호초도 죽어가는 바다의 사막화가 번지고 있다.

지난 40년간 우리나라와 가까운 바다의 수온이 겨울에는 1.35도, 여름에는 0.9도 정도 올라가면서 물고기가 한류성에서 난류성으로 바뀌었다고 국립수산과학원이 밝혔다. 수온이 상승하면서 아열대성 어종인 독가시치, 흑새치, 보라문어, 백미돔, 날새기가 나타났고, 난류성 어종인 고등어, 갈치, 오징어의 어획량이 증가했다. 1970년대 1~2월에는 난류성 어종인 고등어와 멸치가 잡히는 비율은 7%대였으나 최근에는 15%대로 2배 이상 늘었다. 고등어도 과거와 달리 한 달 정도 이른 4월 말부터 어장이 형성되고 있다. 제주도의 특산물이던 자리돔은 이제는 남해 연안, 독도 주변 바다까지 북상했다.

봄부터 여름철 사이에 대마난류를 따라 북상하는 아열대성 물고기인 참다랑어(참치)는 전통적으로 주로 제주도 주변 해역과 남해안 일대에서 잡혔으나, 최근에는 해수 온도 상승으로 인해 회유 범위가 북쪽으로 크게 넓어졌다. 동해안을 따라 고성군 연안 등 강원도 북부 해역까지 어장이 확장되었으며, 독도 인근에서도 알과 어린 새끼가 발견되는 등 동해안에서의 산란하고 서식할 가능성이 있다고 알려졌다. 겨울에 고등어가 큰 풍어를 이루었고, 난류성 어종인 망치고등어와 멸치의 어획량도 늘기도 했다. 온대와 열대 해역에 널리 분포하며, 우리나라 서해안에서는 수온이 14~15도로 높아지는 5~6월에 가끔 나타나던 백상아리가 강원도 동해시 앞바다에서 연이어 잡혔다. 강원도 동해안에서 잡힌 백상아리는 난류대의 확장으로 북상한 것으로 보인다.

이에 반해 한류성 어종인 명태의 어획량이 급격히 줄어든 것은 동해안의 해수 온도가 상승하고 치어까지 잡는 남획 때문이다. 이에 명태의 씨가 거의 말라 인공수정을 통해 증식에 힘쓰고 있다. 난류성 어종의 증가와 한류성 어종의 감소는 지구온난화에 따른 수온 상승의 변화로 본다. 한편, 지구온난화 속에서도 한류성 어종인 대구와 청어가 많이 잡혀 국내 수산업계가 놀랐다. 이는 한반도 주변 바다의 수온이 표층은 더 따뜻해졌으나 저층은 더 차갑게 급변하기 때문이다. 아울러 바닷물은 1년 중 0도 이하로 내려가지 않고 30도를 넘지 않을 정도로 기온의 변화가 적지만 육지 기온은 겨울에 -10도 안팎에서 여름철 40도까지 변화의 폭이 커, 해양생물은 수온 1도의 변화로 육상동물보다 5~10배 이상의 스트레스를 받느낀다.

1990년대 후반 이래 지구상의 6,000종 가까운 양서류가 멸종 위기를 맞은 것으로 추정되며, 이 기간에 사라진 것만 170종에 이른다. 파충류는 기온 변화에 직접적인 영향을 받는데, 호주의 고산지대에 사는 도마뱀은 주변 온도가 높으면 수컷이 많아진다. 반대로 많은 거북은 주변 온도가 낮으면 수컷의 비율이 높고 온도가 높으면 암컷이 늘어난다. 미국에 사는 악어인 엘리게이터는 고온과 저온에서는 암컷이, 중간 온도에서는 수컷이 태어난다. 지구온난화가 계속되어 파충류의 암수 성비에 균형이 깨지면서 생태계의 붕괴까지 이어질 수 있다.

기후에너지환경부의 장기생태조사에 따르면 충주 지역의 연평균기온이 약 1도 상승함에 따라 월악산에 서식하고 있는 이끼도롱뇽, 무당개구리, 북방산개구리, 계곡산개구리를 비롯해 양서류 10종의 종다양성지수가 줄어들었다. 제주도롱뇽의 평년 산란 시기는 제주에서는 2월 하순, 뭍 지방에서는 3월 초로 알려졌다. 국립산림과학원의 조사 결과 제주도 서귀포시 습지에서 제주도롱뇽의 첫 산란 시기가 빨라졌는데, 이런 변화 역시 지구온난화와 관련된 것으로 알려졌다.

갈 곳 잃은 생명의 경고

지구온난화의 영향이 가장 먼저 뚜렷하게 나타나는 곳 중 하나가 북극이다. 북극곰은 1980년 이후 22%가 줄어 2만6,000여 마리밖에 남지 않았다. 북극곰은 지구온난화로 인해 수십 년 내로 물범 사냥터인 북극의 얼음층이 녹으면서 먹이 부족으로 사라질 것으로 보여 멸종될 위기에 처해 있는 종으로 주목받고 있다. 기후변화 여파로 해빙이 줄면서 북극곰의 개체수도 감소하는 추세여서, 이런 속도로 해빙이 계속 줄어들면 21세기 말에는 북극곰이 멸종할 수 있다는 주장도 있다. 최근 기후변화로 서식지가 겹치게 된 북극곰과 회색곰 그리즐리의 교잡종인 피즐리 베어가 관찰되기도 했다.

고산지대에 서식하는 아메리칸 새앙토끼가 지구온난화의 첫 희생물 중 하나가 될 수 있다고 경고한다. 미국 지질조사국 산림·방목장생태계과학센터는 1994~1999년 사이 미국 서부 25군데 서식지에서 새앙토끼의 개체수를 조사한 결과 약 30%가 사라졌다고 밝혔다.

미국 조류학회인 오듀본학회가 발표한 보고서에 따르면 40여 년 동안 미국 전역의 1월 평균기온이 3도 정도 상승하면서, 유럽 울새, 갈매기, 박새, 올빼미를 비롯해 177종의 겨울 서식지가 40년 전보다 56㎞ 정도 북상했다. 네덜란드의 국제습지보호기구에 따르면 세계 100여 나라를 조사한 결과 물새 900여 종 가운데 44%의 개체수가 크게 줄었다. 네덜란드에서는 지난 25년 동안 철새는 4월 25일쯤 가장 많이 도착했고, 새끼가 부화하는 시기는 벌레의 애벌레가 나오는 때와 비슷했다. 그러나 근래에 애벌레가 나오는 시기가 2주나 앞당겨지면서 4월 말에 도착해 부화한 철새의 새끼들은 먹이 부족에 시달리고 있다. 동물 사이 생물계절의 불일치가 어린 개체의 생존에 부담을 주고 있다.

한국조류학회의 연구 결과 우리나라의 철새는 530종 중 겨울 철새는 143종에 140만여 마리에 이른다. 겨울철새 개체수 1위는 62만여 마리의 가창오리로 전 세계 가창오리의 95%에 이르고, 이어 청둥오리 17만여 마리, 쇠기러기 10만여 마리 순이다. 그러나 지구온난화가 철새의 이동 시기를 바꾸고 있다. 우리나라를 찾는 여름철새가 2005년 이후 열흘 빨리 관찰되는 것도 기후변화 때문으로 보고 있다.

중국 남부, 타이완, 베트남 북부 지역에 사는 아열대성 조류인 검은이마직박구리는 2002년 서해 어청도에서 처음 발견되었다. 국립환경과학원은 2008년 여름에 전라남도 신안군 장도에서 검은이마직박구리의 번식을 확인했다. 이 철새의 국내 번식은 지구온난화에 따라 아열대성 조류 중 일부 종의 번식 지역이 북상하고 있을 가능성이 있음을 보여준다. 국내에서 발견된 주요 아열대성 조류는 검은어깨매, 푸른날개팔색조, 물꿩, 부채꼬리바위딱새 등이다.

에너지기후환경부의 장기생태조사에 따르면 낙동강 유역에서 월동하는 백로류와 왜가리의 개체수가 증가했다. 남방계 철새인 황로와 해오라기, 팔색조, 동박새, 직박구리, 물까치 등이 우리나라에서 월동하는 것은 지구온난화에 따른 변화로 여겨진다. 기존 여름 철새들이 겨울에도 떠나지 않고 우리나라에 머무는 여름 철새의 '텃새화' 현상은 왜가리, 백로, 황로, 후투티 등이 대표적이다.

국립공원연구원은 2000년 이후 국내에서 모두 69종의 미기록 조류가 새롭게 관찰되었다고 밝혔다. 미기록 조류의 48%는 태풍 등 기상 때문이고, 29%는 서식 지역의 확대, 16%는 지구온난화, 7%는 원인을 알 수 없는 것으로 나타나 미기록종 중 많은 수가 기후변화와 관련되었다. 춘천교육대학의 2018년 연구에 따르면 한반도에 서식하는 조류인 검은이마직박구리, 붉은부리찌르

레기, 팔색조, 물꿩, 호사도요 등의 분포 범위는 1997년보다 2014년에 넓어지고 북쪽으로 이동했다. 겨울철새인 민물가마우지가 텃새로 정착하면서 하천과 호소 생태계의 무법자가 되었다고 어민들은 불평한다.

기후변화에 따른 생태계의 변화와 생물종의 멸종은 지구가 생성된 이래 계속되어 온 자연현상이다. 그러나 오늘날 문제 되는 기후변화는 산업화와 도시화에 따른 것으로, 생태계가 감당할 수 없을 만큼 변화 속도가 빠르고 널리 진행되고 있다.

식물의
수난사

식목일은 시기적으로 늦다

지구온난화에 따라 육상 생태계에서는 극지방의 빙하가 녹고, 식물의 개화 시기가 빨라지며 생리적 스트레스로 생장이 쇠퇴한다. 작물의 재배지도 이동하며 생산량에도 변화가 나타난다. 동물은 번식에 어려움을 겪을 수 있고, 서식지와 이동 시기가 달라지면서 생물종의 다양성이 달라진다. 특히 지구온난화에 취약한 고산식물, 특산종, 해안, 연안 습지, 섬, 산호초, 툰드라, 영구동토층 등의 피해가 크다.

기상청의 조사 결과 서울에서 벚꽃이 피는 시기가 15일이나 빨라졌다. 1920년대 초반 서울의 벚꽃 평균 개화일이 4월 중순인 10~15일이었으나, 2022~2026년까지 최근 5년의 개화일은 3월 말에서 4월 초인 3월 25일~4월 5일로 자리 잡았다. 국립산림과학원에 따르면 1966~2007년 사이에 홍릉수목원 나무 47종 중 개화일이 빨라진 종류는 38종, 변화가 없는 나무는 1종, 개화가 늦어진 나무는 8종이다. 이 가운데 21종은 1966년보다 꽃이 피는 시기가 일주일 이상 빨라졌다. 기후에너지환경부의 국가장기생태연구 결과는 지구온난화에 따라 가을에 소나무 가지가 비정상적으로 생장하는 추세가 전국에서 관찰되었다.

국립기상과학원에 따르면 기온이 2도 상승하면 식물의 생육기간은 약 30일 이상 늘어나 연간 220~320일에 이르고, 4도 오르면 230~340일로 늘어 남서해안 지대, 남부 해안 지대, 동해안 남부 지대는 겨울이 없는 아열대성 기후대가 된다. 머지않아 중부지방은 현재의 남해안과 비슷한 기후를 보일 것으로 예상했다. 지구온난화에 따라 모든 자연생태계가 피해만 보는 것은 아니어서, 아열대성 일부 생물은 기온 상승에 따라 서식 공간과 세력권이 넓어지고 개체수가 증가하는 등 혜택을 누리는 기회종이 된다.

우리나라 19개 기상관측소에서 1970~2013년 자료를 분석한 결과 식물의 생육이 시작되는 날은 10년마다 2.7일 앞당겨졌고, 생육이 끝나는 날은 10년마다 1.4일 늦어져 식물이 자라는 전체 생육일은 10년 사이에 4.2일 늘었다.

지구온난화로 봄이 앞당겨지면서 4월 4일 식목일은 시기적으로 늦을 수 있어 앞당겨야 한다는 주장도 있다. 음력 3월, 양력 4

월 5일경인 청명 무렵은 계절적으로 봄이고 나무 심기에 좋아 1949년부터 대통령령으로 4월 5일을 식목일로 정했다. 과거에 식목일은 국민 모두 나무를 심는 국경일이었지만, 숲이 푸르러지면서 이제는 일부 사람들만이 식목일을 기억한다. 지구온난화 때문에 식목일의 활동도 영향을 받는다. 봄철 기온이 빠르게 오르면서 나무도 생리적으로 반응하므로 식목일을 앞당겨야 한다는 여론도 있다. 봄이 전보다 일찍 시작되고 날씨까지 따뜻해지면서 겨울철에 얼었던 땅이 녹는 시기 등이 빨라지고 있다. 나무는 묘목에 잎이 나기 전에 심어야 뿌리에 영양분이 잘 공급되는데, 요즘 식목일 즈음에는 이미 잎이 나와 비효율적이라는 지적도 있다. 대안으로 식목일은 그대로 두고 나무 심는 기간은 지역마다 지역의 특성에 맞춰 정하는 것도 방법이 될 수 있다. 실제로 비무장지대와 인근 일부 지자체에서는 식목일보다 일찍 나무를 심기도 한다.

심상치 않은 자리바꿈

앞으로 100년 동안 지구의 평균기온이 1.0~3.5도 올라가면 기후대는 북쪽으로 약 150~550㎞ 이동한다. 기후변화에 관한 정부간 협의체(IPCC)는 꽃가루 분석 등 과거 식생 자료를 바탕으로 나무들의 이동 속도를 100년에 4~200㎞로 보았다. 중위도 지방에서 평균기온이 1도 상승하면 기후대는 북으로 약 150㎞, 산 위쪽으로 150m 이동하는 효과가 있는데, 기온 상승 추세가 가파르면 식물들의 이동 속도가 기후대의 변화 속도를 뒤따르지 못하면서 피해가 나타난다.

프랑스의 아그로파리테크 연구팀이 서유럽 산악지대에 자라는 171개 식물종의 1905~1985년과 1986~2005년 분포 고도 변화를 비교했다. 그 결과 식물종 대부분이 서늘한 조건을 찾아 산의 정상 쪽으로 이동했으며, 지구온난화로 인해 식물종이 살기 가장 좋은 고도는 10년에 평균 29m씩 높아졌다.

동북아식물연구소가 조사한 바에 따르면 지구온난화에 따라 외국 식물로 우리 땅에 정착한 귀화식물인 광대나물과 자운영은 분포역이 넓어지고, 자생종 가운데 서늘한 기후를 좋아하는 개제비난, 기생꽃, 나도여로, 대성쓴풀, 만주송이풀, 손바닥난초, 애기사철난, 장백제비꽃, 큰잎쓴풀 등은 분포 범위가 줄어들었다. 특히 우리나라에만 자라는 고산성 특산식물인 산솜다리, 한라솜다리, 한라송이풀 등은 원래의 서식지에서 사라질 수 있다고 했다. 한반도에서 이들 종이 없어진다는 것은 곧 종의 멸절을 의미한다.

지구온난화는 식생의 분포에도 영향을 미치는데, 한국환경정책평가연구원이 1977~2006년의 삼림 분포와 2071~2100년을 비교 예측한 결과 낙엽활엽수림의 면적은 현재 4만5,626㎢로 50.5%에서 5만8,741㎢로 전체 삼림의 약 65%로 늘었지만, 혼합림은 현재 43.8%인 3만9,600㎢에서 30.4%인 2만7,497㎢로 줄어들었다. 특히 상록침엽수림은 높은 온도에서 경쟁력 있는 난대성 및 온대성 삼림이 북상하면서 현재 5,140㎢에서 3,975㎢로 감소해 전체 삼림의 약 4.4%로 축소될 것으로 보았다.

국립산림과학원이 조사한 결과에서도 지구온난화에 따라서 온대 북부에서 자라는 상록침엽수인 잣나무, 가문비나무 등은 줄고, 온대 남부 지역에 자라는 낙엽활엽수인 졸참나무, 서어나무 등이 늘고 있다. 오늘날 동백나무, 후박나무, 구실잣밤나무, 모밀잣밤나무 등 상록활엽수림은 기후적으로 난대인 남부 해안과 제주도 저지대에만 자란다. 그러나 평균기온이 2도 올라가면 전남, 전북, 경남, 충남, 경북 일부 및 경기도 일부가 난대로 바뀌면서 분포역이 확산할 것으로 내다보며, 4도 상승하면 남부 해안 및 제주 저지대는 아열대가 되면서 번성할 것으로 예상했다.

지구온난화는 온난한 기후에서 경쟁력이 있는 남방계 난대성 식물에는 생리적으로 생장에 유리하고 생태적으로 공간 경쟁에서 유리한 기회를 제공한다. 반면에 북방계 한대성 식물은 기온이 오르면서 생산할 수 있는 양보다 호흡 등에 소비해야 하는 에너지의 양이 많아진다. 이 때문에 생리적 스트레스가 커지면서 온대성이나 난대성 식물과의 경쟁에 뒤져 서식지에서 밀려나는 피해 종이 되거나 사라질 취약종이 될 가능성이 커진다.

식량 문제로 번지는 기후변화

유엔식량농업기구에 따르면 인류는 쌀, 밀, 옥수수 등 세 종류의 곡물에 주식의 90% 이상을 의존하고 있다. 영국 BBC의 보도에 따르면 지난 100년 동안 자연적인 감소가 아닌 사람들에 의한 종자 선택으로 전 세계에서 재배되던 곡물의 75%가 사라졌다.

지구온난화는 농업에도 영향을 미쳐, 유럽연합 공동연구센터는 남부 유럽인 이탈리아에서는 고온과 물 부족 등으로 옥수수와 사탕무 작황이 감소했고, 포르투갈의 밀 생산도 줄어들었다고 밝혔다. 반면에 북부 유럽의 아일랜드에서는 기온이 높아지면서 사탕무 생산이 늘었고, 덴마크와 스웨덴에서도 사탕무의 수확량이 증가했으며, 핀란드에서는 유채의 작황이 늘었다.

지구온난화가 미치는 영향은 고위도와 저위도 사이에서도 차이가 커, 산업화 과정에 온실기체를 발생한 고위도에 있는 선진국은 기후대가 북상하면서 과거에는 추워 농사를 짓지 못하던 넓은 땅이 곡창지대로 바뀌어 지구온난화의 혜택을 입는 수혜자가 되었다. 그러나 산업화에 뒤지고 지금도 식량 부족을 겪고 있는 적도 주변의 열대와 아열대기후대 저위도의 가난한 나라들은 사정이 전혀 다르다. 작물 생산량이 감소하고 토지가 사막으로 바뀌면서 작물과 가축 사육이 어려워져 식량 부족과 기아에 시달리고 있다. 기후변화의 가해자와 피해자가 뒤바뀌었고, 이는 현실이 되었다. 여기에 더해 저위도의 국가에서는 자신들에게 필요한 식량 작물보다 해외에 수출할 커피, 코코아, 열대과일 등의 생산에 집중하면서 해외에서 식량을 수입하기도 한다.

　지구온난화에 따라 한반도에서도 농작물과 과수의 재배 환경이 변하고 있다. 국립농업과학원에 따르면 벼의 모내기 시기는 빨라지고 수확기는 늦어지면서 벼의 재배 가능 기간도 최대 23일 정도 늘어났다. 벼는 보통 27~32도에서 잘 자라는데, 요즘과 같은 이상 고온이 이어지면 벼꽃의 수정이 이루어지지 않을 가능성이 커진다. 지역과 품종에 따라 차이가 있으나 과거보다 길게는 2~3주(최대 약 26일)까지 모내기 적기를 늦추면 고품질 쌀 생산에 유리하다는 분석도 있다.

　지구온난화에 따라 서늘하고 건조한 기후에 적응한 작물인 가을보리 등의 생육과 수량에 변동이 나타났다. 겨울이 춥지 않자 가을보리의 싹 트는 시기가 예전보다 5일 정도 빨라졌다. 가을에 파종하는 보리도 겨울이 따뜻하면 생장기인 봄으로 오해해서 빨리 성장하면서 늦추위에 따른 냉해 위험이 커져 생산성이 떨어진다. 가을보리는 싹이 나려면 저온을 한 차례 겪어야 하는 습성이 있는데 지구온난화로 이런 과정이 영향을 받을 수도 있다.

　감자는 가뭄이 들면 제대로 자라지 않고, 옥수수는 지난 20년 동안 여름철 고온 현상과 가뭄, 강수량 부족으로 과거보다 생육이 불량한 것으로 알려졌다. 지금처럼 온실기체를 배출하면 21세기 말에는 쌀 생산량은 25%, 옥수수는 10~20%, 감자는 10~30% 감소할 수 있다는 예측도 있다.

국립농업과학원에 따르면 강원도 대관령에서는 30여 년 만에 평균기온이 0.9도 오르고 여름이 더워지면서 고랭지채소인 무와 배추의 주산지가 과수원으로 바뀌고 있다. 기온 상승에 따라 양파의 재배 북방한계선은 전남 무안에서 강진을 거쳐 전북 고창까지 올라갔으며, 겨울철 생산되는 대파는 전남 진도에서 신안과 영광을 지나 충남 일부 지역까지 재배지가 북상했다.

IPCC는 2050년 주요 곡물 가격이 최대 23% 상승할 것이라며, 미래에는 '식량안보' 문제가 심해질 것이라고 지적했다. 우리나라처럼 식량자급률이 25%는 밑돌아 곡물과 육류를 해외 시장에 의존하는 나라들은 기후 위기와 함께 식량 부족도 대비해야 하는 이중고를 맞는다. 식량안보에 대한 위기의식을 높이며 대비해야 한다.

제철 과일을 먹기 힘든 이유

기후변화에 따라 가장 크게 영향을 받는 농업의 하나가 과수 재배다. 평균기온 13도 이하에서 휴면하는 사과의 주산지는 1960년대에는 경북과 대구 일대였으나, 칠곡, 경산을 지나, 김천, 영천, 청도, 경주를 거쳐 지금은 안동, 영주, 의성, 문경, 봉화, 예천으로 북상했다. 최근에는 사과의 재배 지역이 대구와 경북을 넘어 경기도 연천, 강원도 원주, 영월, 태백, 양구까지 넓어졌다. 같은 지역 내에서도 고도가 높은 산의 위쪽으로 사과 과수원이 이동하고 있다.

사과, 배, 포도, 복숭아 등 온대기후에서 잘 자라는 과수는 겨울철에 일정한 추위에 노출되어야 이듬해 봄에 꽃을 피우고 열매를 맺을 수 있다. 그러나 겨울철이 따뜻해지면 저온요구도를 충족시키지 못하는 지역이 생긴다. 경남 남해안 지역이나 제주도에서 사과나무를 재배하지 않는 것은 연평균기온 때문이 아니라 겨울철 저온요구도를 충족시키지 못하면서 과일의 품질이 떨어지기 때문이다. 지구온난화가 계속되면 2040년쯤에는 강원도에서만 1등급 사과가 나고, 경기, 충북, 경북을 제외한 지역에서는 사과를 재배할 수 없을 것이라는 예측도 있다. 농촌진흥청은 21세기 말에는 강원도 일부 지역에서만 사과 재배가 가능할 것이라고 보고 있다.

1970년대만 해도 포도는 경남 김해와 밀양, 창원 등에서 주로 생산했으나 이 지역의 포도 생산량은 계속 줄었고, 2015년부터는 경기도 가평과 포천, 강원도 영월에서 포도 재배가 늘고 있다. 포도는 비교적 기온이 낮은 곳에서도 잘 자라기 때문이다. 농촌진흥청은 고품질 포도의 재배 적지는 2020년대부터 급격히 줄 것이라고 내다보았다.

추위에 약해 한강 이남에서만 주로 재배하던 감나무는 경기도 파주에서도 재배되며, 단감도 남부지방에서 주로 키웠으나 재배지가 점차 북상하고 있다. 복숭아는 경북 경산에서 강원도 춘천까지 재배지가 확대되었다. 전남에서는 아열대성 과실인 석류, 참다래, 무화과, 비파의 재배 면적이 증가하고 있으며, 올리브와 커피까지 재배하고 있다. 상록활엽수종으로 전남 보성이 주산지인 차나무는 강원도 고성에서도 재배되고 있다.

지난 100년간 제주의 연평균기온은 약 2.1도 상승하고 겨울과 봄의 최저기온이 오르는 등 아열대기후로 바뀌었다. 1961년부터 2018년 사이에 연평균기온은 10년마다 약 0.29도씩 상승했다. 최고기온은 10년마다 0.23도 상승했지만, 최저기온은 10년마다 0.45도씩 올라서 상승폭이 약 2배를 기록했다. 이는 밤사이 기온이 내려가지 않는 열대야 현상이 심했음을 나타낸다.

우리나라의 연평균기온이 상승하면서 제주도 특산품인 온주밀감은 2060년에는 지금보다 훨씬 북쪽에 있는 한반도 내륙까지 재배지가 확대될 것이다. 제주도에서는 겨울 기온이 올라가면서 추위에 약해 비닐하우스에서 재배하던 만감류인 한라봉을 노지에서 재배하는 면적이 넓어졌다. 한라봉은 이제 경남 거제, 전남 고흥 등지에서도 재배된다.

딸기는 본래 늦봄쯤 먹었으나 요즘에는 한겨울이 아닌 제철에는 딸기를 보기 힘들다. 비닐하우스에서 겨울에 딸기를 재배하기 위해서는 겨우내 난방해야 하고 꽃가루받이를 위해 뒤영벌을 수입하기도 한다. 굳이 일찍 딸기를 즐겨야 할 이유가 적고 에너지 절감과 생태계 안정성을 유지하는 측면에서 제철 과일을 생산하고 소비하는 체계로 돌아가는 것이 바람직하다.

일부 난대성 작물의 주산지가 북쪽으로 이동하는 것은 기후변화, 특히 지구온난화에 농민들이 적극적으로 대응하고 적응한 결과일 뿐 식생이 자연적인 천이 과정을 통해 식물의 분포지가 확산하는 것과는 다르다. 사람의 보호를 받을 수 없는 야생식물들은 기후변화에 따라 원래의 서식지에서 쇠퇴하거나 퇴출될 운명을 맞을 수도 있다. 기후변화에 따라 지자체들도 지역에서 재배하지 않던 과일 등을 길러 지역의 특산품으로 육성하고 있다. 경제 작물은 사람이 옮겨 심어 기르기 때문에 기후변화에 살아남을 수 있지만, 야생에 있는 동식물은 주목하는 사람이 많지 않아 사라질 위기에 놓여 있어 더욱 관심을 가져야 한다.

내일의 생태적
약자

기후변화가 식생에 미치는 영향

　IPCC는 기후변화로 인한 강수량 변화, 눈과 얼음이 녹으면서 지구의 수문학적 시스템이 바뀌고 있으며, 기후변화로 인해 빙하와 영구동토층이 감소하고, 생물종의 서식 범위가 이동하고 개체수가 변동하는 등의 영향이 나타난다고 발표했다. 특히 아시아 대륙에서는 기후변화로 시베리아와 중앙아시아의 영구동토층이 줄고, 열대 아시아 해양의 산호초도 감소하며, 동아시아에서는 식물생육에 변동이 나타나고, 남아시아에서는 밀 생산량이 감소한다고 했다.

　지구온난화는 자연생태계에 긍정적인 혜택과 부정적인 피해를 동시에 준다. 미국 항공우주국 등은 유라시아 일부 지역에서

20년 전보다 식물의 생장 기간이 12~18일 늘고 식생의 밀도가 높아졌다고 지적했다.

기상청에 따르면 한반도는 지난 세기 동안 기온이 약 1.4도 더워져 북반구 평균기온 상승률의 2배에 이르며, 지난 10년간 온난화 추세가 뚜렷했다. 국립산림과학원이 봄에 나뭇잎들이 나오는 때를 1966년과 비교한 결과 70여 종 가운데 65종이 3~43일 잎이 일찍 나왔으며, 꽃이 피는 시기는 82종 가운데 61종이 1~48일 빨라졌다. 기온이 2도 오르면 식물기간은 약 30일 이상 이어져 연간 220~320일에 이르고, 4도 올라가면 230~340일로 늘어 남서해안 지대, 남해안 지대, 동해안 남부 지대는 겨울이 없는 아열대성 기후대로 바뀌고, 중부지방은 현재의 남해안과 비슷한 기후를 보이면서 아열대성 생태계로 바뀔 것으로 예상했다.

한국환경연구원은 2100년에 평균기온이 1990년보다 2.08도 올라가면 난·온대림이 북위 40도까지 북상하고, 남해안과 서해안에는 아열대림이 나타나며, 남한의 냉·온대림은 1990년의 10분의 1로 급격히 줄어들어 지리산과 태백산 등 높은 산에만 살아남을 것으로 예측했다. 삼림이 연간 0.25km로 이동하면 2100년에는 한반도 면적의 16%나 되는 3만5,900㎢ 정도의 숲이 사라져 연간 약 4조5,000억 원의 경제적 손실이 발생할 것으로 보았다.

일반적으로 중위도에서 평균기온이 1도 오르면 기후대는 위도상으로 북으로 150km, 수직적으로 150m 정도 정상 쪽으로 후퇴이동하는 효과가 나타난다. 그러나 지구온난화가 가파르게 진행되면서 식생이 기후대의 이동 속도에 미치지 못하면 높은 산이나 특정한 서식지에 자라는 고온에 취약한 고산식물이 사라지게 된다.

누가 생태적 약자로 몰았는가

1880년부터 현재까지의 기온 변화 추세를 살펴보면 20세기 중반까지는 비교적 안정적인 범위 내에 있었다. 그러나 1980년대 이후 지구 평균기온은 10년마다 약 0.15~0.20도씩 상승하고 있으며, 이는 20세기 초반보다 훨씬 빠른 속도다. 최근 2015~2024년 사이에 기온이 가파르게 상승하면서 '하키 스틱' 곡선이 나타나 지구온난화가 일시적인 현상이 아니라 구조적이고 가속화된 추세라는 우려가 커졌다. 특히 적도 인근 해역에서 무역풍이 약해지면서 해류 흐름에 변화가 생겨 해수면 온도가 높아지는 기상현상으로 평년보다 기온이 0.5도 이상 상승한 엘니뇨가 큰 영향을 미친 것으로 본다.

지구가 생성된 이래 기후는 자연적인 현상으로 끊임없이 변화했다. 지난 11만 년 전부터 1만2,000년 전까지인 플라이스토세 최후빙기 동안 기온은 오늘날보다 5도 이상 낮았고, 북극권에 대륙빙하가 축적되면서 땅이 계속 얼어 있는 영구동토층도 남쪽으로 확장되었다.

신생대 제4기 플라이스토세 최후빙기 동안 빙하와 영구동토대가 넓어지면서 생물은 북극권의 혹독한 추위를 피해 남쪽으로 이동했다. 빙하기에 북극권에서 유입된 극지고산식물은 한반도 저지대나 해안가를 1차 피난처로 삼았다. 당시 한반도는 유라시아 대륙과 태평양을 연결하는 생물들의 이동통로이자 교량으로, 북방계 식물의 기착지인 동시에 피난처였다. 한반도가 동아시아의 생물다양성을 유지하는 피난처이자 이동통로로 기능한 것이다.

1만2,000년 전부터 홀로세에 들어 기후가 온난해지면서 북방계 식물은 대부분 서늘한 북쪽으로 되돌아갔다. 그러나 일부 극지고산식물은 상대적으로 경쟁이 적고 서늘한 백두대간의 고산대와 아고산대, 제주도 한라산 정상부, 여름에도 냉기가 나오는 풍혈 등 2차 피난처에 정착해 빙기의 유존종이 되었다.

산업혁명 이후 인구 증가, 산업화와 도시화가 본격화되면서 온실기체 발생원이 증가하고 이산화탄소 흡수원인 삼림 면적이 감소하면서 지구온난화 등 기후변화가 심해졌다. 지구온난화로 인해 양극 지역과 고산대, 아고산대의 생태계는 몸살을 앓고 있다. 북극곰의 생존이 위협받고, 로키산맥의 정상부에 서식하는 제왕나비와 새앙토끼의 분포역이 축소되고 개체수도 감소했다.

지구온난화가 지속되면 한반도의 자연생태계에도 적지 않은 부작용이 발생할 것이다. 특히 한랭한 북극권과 우리나라 고산대와 아고산대에 격리되어 분포하는 극지고산식물은 생리적으로 고온과 건조 스트레스에 시달리는 동시에 남쪽과 산 아래쪽에서 밀려드는 온대성 식물과의 경쟁에 밀려 도태될 수 있다는 우려의 목소리가 크다.

한라산, 지리산, 설악산의 산정에 자라는 한대성 북방계 식물로 키가 50㎝를 넘지 않는 눈잣나무, 눈향나무, 눈측백, 눈주목 등 나자식물과 함께 돌매화나무, 시로미, 들쭉나무, 월귤, 홍월귤, 노랑만병초 등 높이가 10㎝를 넘지 못하는 꼬마나무인 피자식물이 위험에 노출된다. 빙하기 유존종인 극지고산식물은 빙기에 한반도가 동아시아에서 생물다양성을 유지했다는 살아 있는 증거이자 한반도의 자연사를 이해하는 열쇠이며 지구온난화의 영향을 지시하는 지표종이다. 한반도의 산정에 분포하는 빙기 유존종인 식물들은 기후변화와 환경오염, 개발에 따른 산림 생태계 훼손으로부터 보전해야 한다. 우리의 방심과 부주의 그리고 편리함을 위해 그들을 외면하고 밀어내면서 결국에는 우리 스스로가 생태적 약자가 된다는 것을 기억해야 한다. 인간이 자연과 공생해야 하는 이유는 여기에 있다. 지구 안에서 사는 모든 생명체는 하나로 이어져 있다.

우리는 홀로 살 수 없다

생태계가 먼저 감지하다

1900년에 16억 명이던 지구촌의 인구가 66억 명에 이르기까지 1세기 남짓밖에 걸리지 않았으며, 인구는 아시아, 아프리카, 남미의 가난한 국가에서 주로 증가했다. 늘어난 인구를 먹여 살리기 위해 전보다 여섯 배에 이르는 경작지가 새로 개간되면서 숲은 파괴되었다. 이처럼 경작지가 급격히 증가한 것은 인구 증가와 함께 식습관의 서구화도 원인으로 꼽힌다. 25억 명에 이르는 중국과 인도는 물론 제3세계 국가 사람들이 서구인들처럼 육식을 즐기고 미국인들처럼 많은 석유와 전기를 소비하면 지구생태계는 최악의 상황에 놓이게 된다. 물론 일부 개발도상국 사람들은 한 끼니 먹을 식량조차 부족한 것이 현실이다.

인류가 사용하는 에너지와 광물 등 천연자원과 함께 먹을거리의 소비 증가는 갈수록 두드러지고 있다. 식습관이 서구화되면서 곡물과 채소에서 육식 위주로 바뀌면서 고기를 생산하기 위해 많은 양의 곡식이 사료로 소비되었다. 고기의 수요가 늘어남에 따라 콩, 옥수수, 목초 등 사료작물을 재배하기 위한 경작지를 늘려나갔고, 그 과정에서 숲이 파괴되는 악순환이 반복되고 있다. 숲이 사라지면서 에너지의 흐름과 물의 순환 등에서 기후시스템의 균형이 깨지면서 폭염, 태풍, 폭우, 가뭄과 한파 등의 기상이변으로 몸살을 앓고 있다.

세계자연기금은 2006년 보고서에서 1970~2003년 사이에 사라진 생물은 육상종의 31%, 민물종의 28%, 바다종의 27%에 이르며, 생물의 빠른 멸종을 가져온 가장 큰 요인으로 지구온난화 등 기후변화를 꼽았다. 기후변화에 관한 정부간 협의체의 2007년 보고서는 지구 평균기온이 1.5~2.5도 상승하면 현재 지구상에 사는 생물종의 약 30%가 멸종위기를 맞는다고 예측했다.

모두에게 돌아오는 부메랑

얼마 전까지는 대기오염, 수질오염, 소음 등 개개인의 일상에 영향을 미치는 생활환경에 관심이 많았다. 그러나 최근에는 기후변화가 국제적인 현안이 되었고, 폭우와 가뭄 등 이상기상 현상에 따른 자연재해는 인명뿐만 아니라 사회경제적 비용도 늘고 있다. 기상 또는 날씨는 하루하루의 대기 현상을 이르며, 기후는 한 지역에서 30년 정도의 긴 시간에 걸쳐 나타나는 일기의 평균 상태 또는 경향성을 뜻한다. 이상기상과 기후변화는 의식주 등 우리의 일상생활에 다양한 영향을 미치고 있으며 그 영향력은 점차 커지고 있다.

유엔환경계획은 인류가 당면한 환경적 현안으로 기후변화뿐만 아니라 식량, 생태계, 산업, 수질, 건강 등 다양한 이슈를 제시했다. 특히 기후변화와 생물다양성 손실은 지구생태계의 건강성을 위협하는 수준에 있다.

우리나라는 세계적으로 이산화탄소 등 온실기체 발생량이 가장 빠르게 증가하는 국가의 하나여서, 기후변화 감시, 메커니즘, 예측 등 기후변화 과학 분야와 기후변화의 영향, 취약성, 적응, 감축 등을 이해하고 대응하기에 분주하다. 기후변화가 육상의 농업, 산림, 생태계에 어떤 영향을 미치는지, 해양과 수산업에는 어떤 변화가 나타나는지, 사람들의 건강과 질병, 그리고 재난재해와 에너지 등 인간생태계에는 어떤 영향을 미치는지는 주된 관심사다.

최근에는 국내에서도 푸드 마일리지가 길어 기후변화를 가져오는 커피의 소비를 줄이고, 우리에게 기호식품을 공급하는 제3세계 농민들에게 적정한 값을 치르자는 착한 소비 운동과 공정무역도 활발하다. 생산지로부터 소비지까지 이동 거리가 짧아

푸드 마일리지가 짧고 지역도 살릴 수 있는 국내에서 생산되는 차나무 잎으로 만든 녹차 등 커피 대용차를 마시는 인구도 늘면서 차나무의 경작지도 남부지방을 벗어나 중부지방까지 넓어지고 있다.

일상생활 역시 최근에는 계절의 불규칙성 때문에 패션산업에 새바람이 불고 있으며, 의복은 친환경, 지속 가능성, 윤리적 생산과 소비를 강조하는 분위기가 자리 잡았다. 건물 내에서 에너지 소비를 줄이고 친환경적으로 살아가는 살림 아이디어가 소개되고 있으며, 생활필수품인 자동차뿐만 아니라 휴대전화와 이메일 등의 과도한 사용이 기후변화에 어떤 미치는 영향을 따지는 사람들도 있다.

현대사회에서 기후변화 문제를 해결하기 위해서는 우리가 기후 위기의 피해자가 아닌 원인 제공자라는 사고의 전환이 절실하다. 지금 자기 행동이 머지않은 미래에 부메랑이 되어 자신 또는 후손들에게 되돌아올 수 있다고 생각하고 기후 위기에 대응해야 한다. 기후 위기는 범지구적이고 과학적이고 체계적으로 생각하지만, 행동은 지역 내에서 우리 자신부터 삶의 문제로 인식하고 실천하지 않으면 해결되지 않기 때문이다.

열대우림이 있던
자리

　영국 케임브리지대학과 미국 윌더니스협회가 공동으로 조사한 결과를 보면 인간의 영향을 받지 않고 생태계를 그대로 유지하는 육지의 야생 지역이 지구 면적의 2.8%에 불과하다. 생물다양성이 보전된 핵심적인 장소이자 생태계를 복원할 때 기준이 될 공간이 조금 남았다는 뜻이다.

　6,000만㎢에 이르던 지구상의 숲은 인류 문명이 시작된 이래 미국과 중국의 면적을 합친 것보다 넓은 약 2,000만㎢가 사라졌다. 2004~2017년 사이에 지구상에서 사라진 숲은 43만km²로, 이는 독일이나 미국 캘리포니아주 전체 면적보다 넓다. 베어진 숲은 사료용 콩, 옥수수 등을 재배하는 농경지나 가축을 사육하는 목초지로 만들었다.

　열대우림은 육지의 약 3분의 1을 차지하지만, 지구 전체 광합성의 3분의 2를 담당하며, 육상 생태계 탄소의 80%와 토양 속 탄소의 40%를 저장한다. 세계자연기금에 따르면 8,000년 전에는 육지의 절반이 숲으로 덮여 있었으나 지금은 30%로 줄어들었다. 세계의 숲에 대한 정보와 자료를 조사 분석하는 글로벌 포레스트 워치(GFW)는 2020년 한 해 동안 4만2,000㎢에 해당하는 숲이 사라졌다고 밝혔다. 이는 우리나라 국토의 절반에 해당한다. 숲이 파괴되는 원인으로 무분별한 벌채와 산불을 꼽는다.

열대우림이 사라지면서 지구의 기후시스템은 균형을 잃고, 열과 물의 순환에 교란이 생겨 폭염, 폭우, 태풍, 가뭄 등 이상기상이 계속된다. 열대우림을 불태우고 커피와 코코아, 열대과일, 야자나무를 비롯해 돈벌이가 되는 작물을 기르는 단일경작 재배지가 넓어지면서 생물다양성이 급격히 떨어지는 부작용도 나타났다.

노르웨이열대우림협회는 지구 표면의 약 13%를 뒤덮던 1,450만㎢ 면적의 열대우림 가운데 3분의 1에 해당하는 36%만 남았다고 밝혔다. 2002~2019년 사이에 전체 열대우림의 34%는 완전히 사라졌고 30%는 황폐해졌는데, 넓이가 약 950만㎢에 이른다. 2002년 이후 사라진 열대우림의 규모는 프랑스 영토보다 더 넓다. 주요 7개국(G7)의 국민 1인당 매년 나무 4그루를 수입하는데, 이를 위해 열대 지역의 삼림이 훼손된다.

남아메리카와 동남아시아에서는 농업, 목축, 도시와 도로 건설을 위해 불을 지르거나 중장비로 열대의 숲을 파괴하는 일이 흔하다. 브라질의 아마존, 볼리비아 아마존, 파라과이, 아르헨티나, 마다가스카르, 인도네시아의 수마트라와 보르네오섬, 말레이시아 등에서 열대우림이 주로 사라졌다.

열대우림은 지구의 생명체 절반 이상에 보금자리를 제공하고 탄소를 많이 흡수해 지구온난화의 속도를 늦춘다. 그러나 농사, 에너지 사용, 국제 무역, 콩과 팜유 재배, 가축 및 광산 산업 등 인간의 활동이 지난 반세기 동안 열대우림을 위협했다. 열대우림이 사라지면 세계가 새로운 전염병에 노출될 위험도 증가한다. 삼림이 훼손되면서 서식지를 잃은 동물들이 인간과 접촉할 기회가 늘어나 동물이 가진 바이러스와 병원균을 사람에게 옮길 기회가 많아지기 때문이다.

지구의 허파로 알려진 브라질 아마존 지역에서 열대우림이 사라지면서 지난 10년간 흡수된 이산화탄소보다 20%나 많은 이산화탄소가 대기 중으로 배출되었다. 국제학술지 《네이처 기후변화》에 따르면 2010~2019년까지 브라질의 아마존 유역은 166억 톤의 이산화탄소를 배출했지만 흡수한 이산화탄소량은 139억 톤에 그쳤다. 2014~2018년 사이에 전 세계 열대우림이 사라지면서 이산화탄소가 해마다 4.7기가톤씩 늘어나는 것을 우려하기도 한다. 이는 2017년에 유럽연합 회원국들이 배출한 전체 이산화탄소보다 많은 양이다.

아마존 유역에는 탄소흡수와 저장 능력이 뛰어난 열대우림이 발달해 지구온난화를 억제하는 데 중요한 역할을 하고 있다. 브라질 아마존이 탄소의 흡수원이 아닌 순배출원으로 바뀐다는 것은 전 세계적인 기후 위기를 대처하기가 어려워진다는 뜻이다. 난개발과 잦은 산불로 인해 황폐해진 아마존 열대우림이 지구의 기후시스템을 조절하지 못할 수 있다는 소식도 전해진다. 지구의 산소탱크라고 부르던 아마존이 이산화탄소의 흡수원이 아닌 배출원이 되었다니 앞으로 지구의 기후가 어떻게 바뀔까? 아마존 일대의 생물다양성이 가치가 높고, 미래 가치가 높다는 것은 설명이 필요하지 않을 것이다.

열대우림의 파괴가 나와 관련이 없으리라 생각할 수 있지만, 지구촌은 보이지 않는 그물망으로 촘촘히 서로 이어져 있다. 우리가 소비하는 햄버거, 삼겹살, 치킨뿐만 아니라 열대과일과 커피, 초콜릿까지 열대우림을 베고 생산된 상품이다. 고기를 생산하기 위해서는 값싼 경작지에서 생산되는 목초나 사료작물과 함께 저렴하고 풍부하고 노동력이 필요한데, 그 중심지는 열대와 아열대의 개발도상국이다.

먼 곳에서 생산된 먹을거리를 수송하는 과정에 이산화탄소가 배출되면서 푸드 마일리지는 늘어난다. 푸드 마일리지는 식품이 생산지에서 소비자의 식탁에 오르기까지 이동하는 거리를 말한다. 열대우림의 생물다양성과 기후 위기를 염려한다면 고기 소비를 줄이고 곡물과 채소를 먹는 횟수를 늘려 보자. 고기와 곡물 소비를 줄이고 음식물 쓰레기를 남기지 않으면 돈이 없어 식량을 수입하지 못하는 가난한 나라 사람들이 굶어 죽는 것도 막을 수 있다. 열대우림을 보호하면 기후변화와 생물의 멸종을 막을 수 있다. 지구 생물종의 절멸 속도는 지구 역사상 이전보다 100 배에서 1,000배에 이를 만큼 빠르게 일어나고 있다. 숲이 빠르게 사라지면서 기후변화와 생물다양성 파괴, 새로운 전염병이 그치지 않는다. 곡물과 채소를 많이 먹고 육류 소비를 줄이며, 커피 대신 우리 농산물로 만든 차를 마시는 것도 지구를 지키는 새롭고 진지한 도전이다.

먹고 마시는
동안

우리가 햄버거를 먹을 때

우리가 먹는 소고기와 돼지고기는 숲을 개간해 만든 경작지에서 재배한 풀이나 곡물을 소와 돼지가 사료로 먹고 생산된 것이다. 양고기나 치킨이라고 부르는 기름에 튀긴 닭도 마찬가지다. 눈에는 보이지 않으나 육류를 소비할 때마다 숲은 사라지면서 생물다양성이 감소하고 온실기체는 늘어 지구생태계의 재앙은 한 발 가까이 온다.

지구상에 사는 동물의 98%가 가축과 양식장의 생선들이고 나머지 2%만이 야생동물이라니 얼마나 조화롭지 않고 균형이 맞지 않는지 짐작할 수 있다. 환경운동가인 레스터 브라운이 설립한 월드워치연구소는 보고서에서 온실기체를 가장 많이 내뿜는 지구온난화의 주범으로 가축을 기르는 축산업이 51%로 절반이고, 교통은 13%를 차지한다고 밝혔다. 세계은행과 유엔 보고서에서도 이와 비슷한 이야기를 했다. 되새김질하며 메탄가스를 뿜어내는 소, 양, 염소 등이 문제가 된다.

그렇다면 왜 축산업이 기후변화, 환경오염, 생물다양성의 훼손을 부추긴다고 말하지 않는 걸까? 축산업을 기후 위기의 주범으로 놓고 비판하면 육식을 즐기는 사람들이 불편해하고 산업계도 반기지 않으니 드러내고 말하지 않는다. 하지만 기후변화의 핵심적인 원인 중 하나인 축산업을 빼고 발전소, 자동차, 물자 절약 등 변죽만 울려서는 기후 위기와 생물다양성을 해결하기 어렵다. 지속 가능한 건강한 축산을 하지 않으면 미세먼지, 수질오염, 해충, 전염병 문제도 해결할 수 없다.

매년 겨울이 되면 구제역, 아프리카돼지열병, 고병원성 조류인플루엔자, 브루셀라병 등을 막겠다고 살아 있는 가축들을 살처분이라는 이름으로 땅속에 묻곤 한다. 좁은 축사에 많은 가축을 밀집해서 사육하면 동물들이 건강할 수 없고 아무리 방역해도 전염병에 노출된다. A4용지 한 장 크기의 공간에서 일생을 보낸 닭이 건강한 먹을거리를 우리에게 내줄 수는 없다. 항생제, 성장촉진제, 소화제, 방부제 등을 섞은 사료를 먹여 기르는 공장식 축산으로 생산된 값싼 고기는 우리의 건강을 위협할 뿐만 아니라 환경에도 좋지 않고 동물복지에도 어긋난다.

우리나라의 축산업 규모는 어느 정도일까? 우리나라의 축산업은 2026년 현재 농업 전체 생산액 약 63조 원의 약 40%(25조 3,935억 원)를 차지한다. 사육 두수는 돼지 약 1,170만 마리, 한우와 육우 약 316만 마리, 젖소 약 37만 마리, 닭 1억 6,000만~1억 9,000만 수 등이다. 해외에서 들여온 육류는 소고기 약 44만 5,723톤, 돼지고기 약 45만2,162톤, 닭고기 약 18만4,610톤 등으로 국내산과 수입산을 더하면 엄청나게 많은 육류를 우리나라가 소비한다.

경제 시스템에서는 소비자의 선택이 바뀌면 생산자와 공급자는 이를 따르지 않을 수 없다. 건강한 먹을거리를 생산하는 농민, 농산물을 제조, 공급하는 기업, 안심하고 식품을 먹는 소비자까지 모두가 상생하는 길은 안전한 식품을 적정한 가격으로 사고파는 것이다. 주변에서 생산자와 소비자가 상생하는 상품을 판매하는 상점이나 온라인 장터를 찾아보자. 소비자가 공부하고 바른 생각으로 행동하면 우리의 먹을거리를 안전하고 건강하게 바꿀 수 있다.

햄버거를 먹을 때마다 숲을 망치고 기후변화를 부추긴다. 햄버거는 세계 120여 개국에서 판매되고 세계 인구의 1%가 매일 먹는 음식으로 가장 대중적인 패스트푸드다. 하지만 햄버거를 먹으면 살이 찌기 쉽고 콜레스테롤 수치가 증가하는 등 우리 몸에 좋지 않다는 것은 누구나 아는 사실이다. 햄버거 재료인 소고기를 얻기 위해 브라질 등 중남미의 열대우림은 점차 목장으로 바뀌고 있다. 중남미에서 생산한 고기는 미국과 유럽으로 수출하고, 미국은 이를 주로 햄버거 재료로 사용한다. 열대림을 파괴한 대가로 생산된 값싼 햄버거용 고기 덕분에 선진국들이 배불리 먹는다. 지방이 적당히 섞인 소고기를 얻으려면 콩으로 만든 고급 사료를 소에게 먹여야 한다. 콩을 대량 생산하기 위해 넓은 산림이 콩밭이나 목초지로 바뀌면서 원래 그곳에 살던 야생동물과 식물들은 삶의 터전을 잃고 있다.

월드워치연구소에 따르면 육류 생산이 전체 온실기체 방출의 51% 이상을 차지해 기후변화를 일으킨다. 햄버거 한 개를 먹으면 6㎡ 정도의 숲이 사라지고, 햄버거용 소고기 1kg을 얻기 위해서는 곡물 8kg과 2만 리터의 물이 필요하다. 미국 농무부 경제연구소와 스톡홀름 국제물연구소에 따르면 소고기 110g인 햄버거 한 개에는 약 1.8kg의 곡물 사료가 필요하다. 과학자들과 환경운동가들이 모여 만든 물발자국네트워크는 햄버거 한 개의 물 발자국을 2,500리터라고 밝혔다.

햄버거를 줄이면 어떤 효과가 생길까? 햄버거 대신 곡물을 먹으면 물도 맑아지고 굶주리는 사람도 줄 것이다. 미국인이 고기 소비를 절반으로 줄이면 아프리카에서 굶어 죽는 아이들을 모두 살릴 수 있다. 같은 시대를 사는 지구촌에 비만을 걱정하는 사람과 굶는 사람이 공존하고 있다는 것은 현대사회가 마주친 모순이다.

새로운 기술이 만드는 대안 식탁이 등장했다. 미생물을 기반으로 한 정밀 발효 기술을 통해 대체 단백질을 생산하고, 콩을 기반으로 하는 식물성 단백질과 국내에 자라는 버섯 등의 균사체를 기반으로 단백질을 만들면 탄소발자국도 줄일 수 있다. 동물 가죽 산업은 기업형 목축에서 파생된 산업으로 세계 3대 오염 산업의 하나다. 그래서 최근에는 버섯 균사체로 동물 가죽의 원피를 대체하는 소재를 만들어 자동차와 패션산업에 활용한다. 새로운 기술이 개발되면 상품도 다양해지고 생산비도 줄고 오염도 줄어들 수 있다.

근본적으로는 육류 소비를 줄여 사라진 숲을 되살려야 한다. 농지나 목초지 등으로 바뀐 세계의 주요 생태계를 우선순위에 따라 30%만 원래 상태로 복원해도 멸종위기에 처한 동물 종의 70% 이상을 구할 수 있다. 동시에 산업화 이후 대기 중에 쌓인 이산화탄소의 절반에 이르는 4,650억 톤을 흡수하는 효과를 거둘 수 있다.

고기를 덜 먹어도 괜찮을까

새로운 기술을 이용해 식품 재료를 생산하면 공장식 축산에 필요한 사료를 공급하기 위해 조성된 옥수수와 콩 농장이 줄게 된다. 가축을 기르던 목장과 그 가축을 먹이기 위해 만든 농장의 토지 가운데 60% 이상을 숲으로 되돌릴 수 있을 것이다. 토양생태계를 되살리는 다년생식물들도 되돌아올 것이다. 동물성 단백질을 생산하느라 탄소를 내뿜던 땅이 다시 탄소를 저장하고 산소를 배출하는 생태적 공간으로 바뀔 수 있다. 기후변화 전문가 단체인 프로젝트 드로다운에서 기후 위기를 반전시키기 위한 현존하는 기술 20개를 뽑았는데, 그중 12가지가 소규모 농업 및 식품과 관련된 항목이었다.

고기를 덜 먹으면 건강해질까? 우선, 동물성 식품 대신 버섯이나 해조류와 같은 식물을 많이 먹으면 건강하고 다이어트에 좋다. 서양에서는 김, 미역, 다시마 등을 '바다 잡초'라고 불렀는데 이제는 '바다 채소'로 부르는 것이 알맞다. 최근 들어 서양의 유명 요리사들도 우리가 먹는 해조류를 주목하고 조리법을 배우는 사람이 늘고 있다. 식물성 식품의 소비를 늘리면 동물성 단백질을 너무 많이 먹어 생기는 만성병과 성인병을 줄일 수 있다. 미생물이나 식물성 단백질을 원료로 만든 대체육을 섭취하면 혈액 내 콜레스테롤 수치가 낮아지는 것으로 알려졌다. 이에 따라 심장병, 비만, 당뇨병, 암 등을 치료하기 위해 쓰던 의료비도 크게 줄어들 것이다. 값싸고 맛도 좋은 단백질을 생산하고 공급하는 것은 개발도상국의 기아 문제 해결에도 이바지할 것이다.

고기보다 채식을 주로 한 사람으로는 레오나르도 다빈치, 알베르트 아인슈타인, 토머스 에디슨, 레프 톨스토이 등을 꼽을 수 있다. 연예인으로는 비틀즈의 멤버인 폴 매카트니, 영화배우로는 나탈리 포트만, 브레드 피트, 조니 뎁, 토비 맥과이어 등과 팝스타 아리아나 그란데, 영화감독 스티븐 스틸버그 등이 있다. 테니스 선수 비너스 윌리엄스, 육상선수 칼 루이스, 헤비급 복서 마이크 타이슨 등 유명한 운동선수도 채식을 했다.

보통 사람도 고기를 먹지 않아도 될까? 개인적으로 육류를 6년 가까이 먹지 않고도 산에 다니며 조사하거나 운동할 때 힘들다는 느낌은 전혀 없다. 오히려 머리가 맑아지면서 집중이 잘 되어 능률이 높아졌다. 고기를 갑자기 끊는 것은 어렵고 육류 소비를 줄이는 것도 의지와 시간이 필요하다. 주변 사람들과 식사할 때 메뉴 때문에 곤란할 때도 있다. 왜 고기 소비를 줄이고 식물성 식품을 즐겨 먹어야 하는지 주변 사람과 공유하는 것도 공감대를 넓히는 길이다.

고기를 줄이고 싶다면 '고기 없는 월요일'처럼 일주일에 하루 이틀 고기 소비를 줄이는 것은 어떨까? 오후 6시 전까지는 채식 등으로 가볍게 저녁 식사를 하는 것에 도전하는 것도 좋다. 육식에서 채식으로 갑자기 바꾸는 것보다 육식을 줄여 미니멀리즘으로 가는 쪽이 더 합리적이고 현실적일 수 있다. 육류와 생선을 줄이고 달걀이나 유제품을 줄이다가 식물성 식품만을 먹는 비건까지 여러 단계의 채식이 있으니, 자신에게 맞는 것을 골라 실천하면 된다.

학교, 군대, 직장 급식에서도 자기 취향에 따라 음식을 골라 먹는 채식 선택권을 보장하는 제도가 마련되어야 한다. 제주도에서는 기후 위기와 코로나19 사태에 대응하기 위해 조례를 제정해, 선진국처럼 주 1회는 학교에서도 채식 급식을 시행해야 한다는 요구가 있었다.

한편 채식주의, 종이봉투, 풍력발전이 무조건 친환경적이라는 것은 착각이라는 주장도 있다. 환경운동가 마이클 셸런버거는 저서 《지구를 위한다는 착각》에서 풍력발전은 기류를 타고 이동하는 철새와 곤충을 죽여 생태계를 파괴하고, 종이봉투는 제조 과정에서 비닐봉지보다 더 많은 탄소를 배출하므로 44회 이상 재사용해야 비닐봉지보다 친환경적이라고 했다. 방목한 소는 사육 기간이 더 길어지면서 더 많은 사료를 먹고 방귀를 뀌므로, 고기 1kg당 탄소 배출량이 공장식 축산으로 기른 소보다 4배 많다고 한다. 우리가 모두 채식주의자가 되더라도 탄소 배출량은 전체의 4%가 줄어들 뿐이다. 커피가 몸에 이로운지 해로운지 의견이 나뉘는 만큼 채식을 두고도 서로 다른 주장이 많다.

그런데도 친환경적 생활을 실천해야 하는 이유가 있을까? 친환경은 기후변화만 해결하려는 활동이 아니다. 생물다양성, 동물권, 자연의 권리까지 생각하면 사람과 생물이 조화롭고 균형을 이루며 사는 것이 바람직하다. 인류에게 닥친 과제 가운데 기후변화는 부인할 수 없는 현실이고, 우리의 의식주는 기후변화 외에도 생물다양성과 지구 시스템에 영향을 미친다는 사실도 명심해야 한다. 생물이 멸종하고 지구 시스템이 무너지면 인류의 미래도 보장되지 않기 때문이다. 과학과 기술을 인류의 문명 발전에 어떻게 활용할지는 우리의 선택에 달려 있다.

그 뒤에 숨어 있는 것

제3세계 국가 가운데 많은 나라가 자국의 국민이 먹을 식량 대신 돈을 버는 커피, 카카오, 열대과일, 고무, 면화 등 외국에 팔 상품작물을 재배하면서 정작 자국민이 먹을 식량인 곡물을 재배하지 않고 수입하는 일이 흔하다. 외국에서 남아도는 곡물을 값싸게 사서 먹다 보니 자신들의 식량 생산 체계가 무너진 것이다. 자기 나라의 식량을 선진국에서 수입해 먹어야 하니 살림살이가 좋아지기 어려운 경제구조다. 외화를 버는 작물을 기르는 것도 좋지만 식량을 수입해 먹으면 국제 곡물 시장 사정에 따라 어려움을 겪기 쉽고 외국에 종속된 경제구조를 가질 수 있다.

국내에서 공급이 부족한 식량 문제를 지혜롭게 풀어가는 국가로 싱가포르의 정책은 시사점이 많다. 싱가포르는 국토가 좁고 경작지가 거의 없어 식량의 90% 이상을 수입에 의존하는 국가다. 이와 같은 취약성을 극복하기 위해 싱가포르 정부는 2030년까지 싱가포르에서 소비되는 식량의 30%를 자체적으로 생산하겠다는 계획이다. 자체 식량 생산량을 늘리는 동시에, 특정 국가에 대한 수입 의존도를 낮추기 위해 특정 국가에서 식량난이나 자연재해가 발생해도 문제가 없도록 전 세계 170개국 이상으로부터 식량을 수입하는 '공급망 다변화' 전략을 도입했다. 좁은 땅을 효율적으로 활용하기 위해 싱가포르는 수직농법과 첨단 기술을 이용해 날씨에 상관없이 1년 내내 생산이 가능한 스마트 농업에 집중했다. 싱가포르는 식물성 고기, 배양육(세포 배양 기술로 만든 고기) 분야에서 세계적인 선도 국가로 대체 단백질 산업에서도 앞섰다.

여러 해 전에 식품을 만들 때 사용하는 트랜스 지방이 문제가된 뒤부터는 식품회사들이 트랜스 지방 대신 팜유나 콩기름 등을 사용하고 있다. 트랜스 지방은 액체 상태의 식물성기름으로 가공식품을 만들 때 생기는 지방산이다. 과자, 도넛, 빵, 라면 등기름에 튀긴 가공식품에 많이 들어 있으며, 콜레스테롤 수치를 높여 심장병 등 혈관 질환의 원인이 된다. 팜유는 식물성기름이지만 포화지방이 50% 가까울 정도여서 너무 많이 섭취하면 동맥경화를 일으키는 콜레스테롤과 혈전을 늘려 심혈관과 뇌혈관질환을 일으킨다. 포화지방이 많이 함유된 식품으로는 동물성기름뿐만 아니라 팜유, 버터, 야자유 등이 있다.

팜유는 식품을 만들 때 가장 널리 사용되는 식물성기름으로 열대식물인 기름야자나무 과육에서 나온다. 팜유는 공기 중 산소와 만나 쉽게 산패되는 다른 기름과 달리 상온에서 산화가 더뎌 안정성이 높다. 콩이나 유채, 해바라기의 씨보다 열 배 이상채취해 값도 싼 편이다. 이 때문에 팜유는 과자, 라면, 빵, 마가린, 쇼트닝 등 식품에 주로 사용되고, 화장품, 세정제, 바이오 에너지의 원료이기도 하다.

팜유 소비가 늘면 어떤 문제가 생길까? 팜유의 수익성이 높아지자 인도네시아와 말레이시아 기름야자나무 농장들은 숲을 파괴하고 재배 면적을 넓혔다. 기름야자나무의 재배지를 넓히기 위해 열대우림에 불을 지르면서 온실기체가 방출되고 이 때문에 멸종위기종들이 사라진다는 비판이 거세다. 인도네시아와 말레이시아에서 세운 팜유 농장 면적의 4분의 3이 과거에는 오랑우탄과 같은 멸종위기 동식물이 서식하던 숲이었다.

다양한 동식물이 독특한 생태계를 이루면서 살던 열대우림을 밀어내고 기름야자나무, 커피, 카카오, 열대과일 등 하나의 작물만을 기르는 단일경작이 흔해지면 생물다양성이 급격하게 줄어드는 것 외에 여러 환경문제를 일으킨다. 우선 비가 올 때마다 겉흙이 비에 쓸리면서 토양이 척박해져 불모지가 늘고 토질이 척박해지는 토양의 사막화가 나타난다. 숲의 기후조절 기능도 사라지면서 이상기상 현상이 자주 발생한다. 하나의 작물을 빼곡하게 심어 기르다 보니 병원균과 병충해의 피해가 심해져 화학비료와 농약을 많이 사용하면서 토양과 수질이 오염된다.

국제자연보존연맹에 따르면 앞으로 팜유 재배지로 바뀌는 지역에는 전 세계 멸종위기에 처한 오랑우탄과 긴팔원숭이를 비롯해 포유류의 54%와 조류의 64%가 서식하고 있다. 열대우림 파괴가 기후변화를 일으킬 뿐만 아니라 생물다양성까지 위협한다. 아직은 팜유를 대체할 만한 식물성기름이 없어서 팜유 생산을 금지할 수도 없는 것이 현실이다. 현재까지 해결책은 추가로 삼림을 벌채하거나 이탄지를 개간하지 않고 현지 주민들과 상생하면서 정부와 생산자 및 관계자가 지속 가능성을 약속한 팜유를 생산하도록 협력하는 것 정도다.

가장 영양가 높은 과일이지만 재배할 때 많은 물이 필요한 아보카도의 소비가 급증하고 있다. 아보카도 열매 1톤당 물발자국은 1,981㎡로, 608㎡인 포도와 비교해 3배 정도의 물이 필요하다. 세계 아보카도 생산의 3분의 1을 차지하는 멕시코의 아보카도 생산지에서는 아보카도를 두고 마약 밀매 조직인 마피아와 농민들 사이에 갈등 때문에 많은 사람이 살해되는 등 사회문제가 되었다.

바른 선택이 바른 세상으로

영국 일간지 《가디언》에 따르면 전 세계 커피 소비량은 하루 20억 잔 이상으로 추산되며 앞으로도 증가할 전망이다. 그러나 커피 재배지는 기후변화로 인한 기온 상승과 불규칙한 강우, 커피 녹병 등 질병 확산으로 개화 주기가 흔들리고 수확량과 품질의 변동성도 커지면서 점점 줄어들고 있다.

커피나무는 남위와 북위 25도 해당하는 이른바 적도 주변의 커피 벨트(커피 존)에서 주로 생산된다. 전 세계에서 재배되는 커피는 아라비카와 로부스타 종이 대표적이다. 전 세계 커피 생산량의 99%가 두 품종으로 약 6 대 4의 비율로 생산된다. 아라비카가 풍미가 좋아 가격이 비싸며, 로부스타는 주로 인스턴트커피를 만드는 데 쓰인다.

커피는 서늘한 열대 고지대에서 주로 자라며, 지구온난화 때문에 재배지의 범위가 더 높은 지대로 옮겨가고 있다. 높은 산에 자라는 아라비카는 기후변화와 질병에 몹시 취약하다. 지구온난화가 가파르게 계속되면 아라비카 커피의 맛도 달라질 것이다.

2019년에 영국 큐 왕립식물원 과학자들에 따르면 124개 야생 커피나무종 가운데 22종이 취약종, 40종이 멸종 위험종, 13종은 심각위험종으로 총 75종이 생물다양성 면에서 심각한 위험에 놓여 있다. 커피가 열대우림의 파괴를 가져올 뿐 아니라 커피라는 식물 자체가 사라진다는 뜻이다. 아라비카종은 세계 커피 시장의 60% 차지하고 있고, 야생종 커피나무는 에티오피아와 남수단에만 자라고 있다. 지구온난화가 계속되면 금세기 말에는 야생종 커피나무가 멸종할 것으로 예측된다.

아프리카 서부의 시에라리온과 기니, 코트디부아르에서 과거에도 야생종 커피나무가 발견되었으나 삼림 벌채로 대부분이 사라졌다. 커피를 계속 생산하고 소비하려면 커피 도매상들이 커피 생산자에게 공정한 값을 줘 커피 재배 방식을 개선하고 다양한 야생 커피나무 품종을 보존하게 해야 한다. 열대우림을 모두 베어내고 커피나무를 재배하는 플랜테이션 재배로 인한 생물다양성의 손실을 막기 위해서는 대규모의 기업식 재배는 피하고 일정한 면적의 숲을 보존해야 한다.

아라비카종 커피가 사라지면 스테노필라 종이 그 자리를 대체할 것이라고 주장도 있다. 스테노필라 커피는 기후변화로 만들어진 따뜻한 기후에서도 우수한 맛을 가진 커피로 아라비카의 대안이 될 수 있을 것으로 본다. 스테노필라 종은 아라비카 커피값의 절반밖에 되지 않는 로부스타종과 비슷한 조건에서 자라 농민들에게도 희망을 주고 있다.

열대우림에 부담을 적게 주면서 커피를 마시려면 공정무역 상품이 대안이 될 수 있다. 공정무역은 개발도상국 생산자의 경제적 자립을 위해 적정한 이윤을 보장하고 지속 가능한 발전을 위해 생산자에게 유리한 무역 환경을 제공하는 시스템이다. 생산자도 열대우림을 보전하면서 소규모로 커피를 재배해 환경에 미치는 부담을 최소화해야 한다. 공정무역은 선진국과 개발도상국 사이의 불공정 무역을 줄이고 환경파괴나 노동력 착취 등을 막으려는 노력이다. 커피를 선택할 때는 원두가 공정무역으로 거래된 상품인지 확인해보자.

커피가 화학비료와 농약을 쓰지 않은 유기농이나 덜 쓴 친환경 상품인지, 열대우림을 남겨두면서 자연림의 그늘에서 기른 열대우림연합의 인증 제품인지, 숲속에서 새들과 함께 기른 친조류 커피인지 꼼꼼하게 살펴 이런 제품을 사고 마시면 열대우림을 보전하면서도 맛있는 커피를 즐길 수 있을 것이다. 물론 이런 제품인 척하는 유사 제품에는 속지 말아야 한다.

대한민국 국민 음료라는 커피에 토를 달려고 하니 부담스럽지만, 알고 마실수록 지구 환경을 지킬 수 있는 작은 실천으로 이어진다. 사소하더라도 관심을 두고 소비하면 먼 곳에 있는 생산지의 환경을 바꿀 수 있다. 내 경우, 마시는 커피가 열대우림을 파괴해 생물다양성을 위협하고 기후변화까지 일으킨다는 사실을 알고 난 뒤 커피를 마시지 않은 지 30년이 넘었지만 살아가는 데 전혀 불편함이 없다.

이러다 보니 주변에서 내게 커피를 권하는 사람은 거의 없다. 우리가 마시는 커피 한 잔이 기후변화에 미칠 수 있는 영향을 이런저런 경로로 이야기하다 보니 이제는 주변 사람들로부터 배려 대상이 되지 않았나 싶기도 하다. 우리가 마시는 커피는 열대와 아열대의 숲을 헤치고 재배한 작물이다. 커피 등 기호식품을 재배하기 위해 지구의 허파인 열대우림이 줄어들면 기후시스템 기능에 이상이 생기면서 지구온난화 등 기후변화가 나타나고 그 결과 생물다양성이 손상을 받는다. 그래도 마시고 싶다면 정당한 가격을 제3세계 농민들에게 치른 친환경 공정무역 커피를 마시는 것이 어떨까 제안하고 싶다. 현명한 소비자가 생산자와 공급자뿐만 아니라 세상을 바꿀 수 있다.

모두가 즐기는 초콜릿에도 어두운 이면이 있다. 초콜릿의 원료가 되는 카카오 때문에 서아프리카의 열대우림이 빠른 속도로 사라지고 있다. 초콜릿 생산 회사들이 코트디부아르와 가나의 삼림 보호구역에서 비정상적으로 생산한 초콜릿 원료인 카카오를 싼값에 사들이면서 열대우림이 파괴되고 있다. 1960년대 이후 전 세계 카카오의 40%를 생산하면서 코트디부아르의 열대우림 80% 이상이 사라졌다.

우리는 동식물의 서식지인 열대우림을 훼손해 생산된 코코아로 만든 달콤한 초콜릿을 선물하고 먹는 셈이다. 그렇다고 좋아하는 초콜릿을 끊기 서운하다면 열대우림을 보호하면서 생산된 인증된 상품, 현지 농민들에게 적정한 이윤을 보장하는 공정무역 상품을 제조사에 요구하는 것도 소비자의 권리다. 대규모 개간으로 만든 농장에서 기업적으로 생산된 카카오보다는 열대우림의 그늘에서 자란 건강한 카카오를 원료로 한 제품을 소비자들이 선택하면 기업도 원료 구매 때부터 바른 선택을 할 것이다. 깨어 있는 소비자의 바른 선택이 생산자와 공급자를 바꿔 세상을 아름답게 만들 수 있다.

호모 심바이오시스를
위하여

공생을 위한 새로운 물결

세계 주요 투자은행들은 2015년 파리협정이 체결된 이후에도 화석연료를 개발하는 기업들에 820조 원에 이르는 약 7,000억 달러를 투자했다. 투자은행인 JM모건체이스가 750억 달러로 가장 많이 투자했지만, 골드만삭스는 북극 지역에서 새로운 석유 시추 및 석탄 개발에 대한 자금 지원 중단을 결정했다. 골드만삭스는 기후변화를 21세기가 직면한 가장 심각한 환경문제로 인식하고, 날씨와 관련된 재해대응채권 판매 등 고객들이 기후 위기에 효율적으로 대응하도록 돕겠다고 밝혔다.

적도 주변에 분포하는 열대우림은 지구의 에너지와 물의 순환에 영향을 미치며, 이산화탄소를 흡수하면서 산소를 내어주는 지구의 허파이자 생물다양성의 핵심지역이다. 아메리카 대륙의 멕시코에서 시작되는 5대 열대우림은 과테말라, 니카라과, 온두라스, 코스타리카, 파나마, 콜롬비아까지 이어지며 면적은 1,000㎢에 이른다. 중앙아메리카 국가들은 허파 역할을 하는 열대우림을 보호하겠다며 각국 정부와 원주민, 환경단체들로 구성된 연합체를 꾸리는 등 기후변화의 공동 대응에 나섰다. 중앙아메리카 국가들에서 나오는 탄소의 절반 가까이가 5개의 거대한 열대우림에 저장되는 탄소 흡수원이다. 마야, 모스키티아, 인디오마이즈 토르투게로, 탈라망카, 다리엔 등 열대우림은 500만 명에게 물과 공기를 제공한다. 그러나 지난 15년 동안 5대 열대우림 가운데 3곳의 넓이가 4분의 1 규모로 줄어들었다. 대부분이 불법으로 소를 키우기 위해 나무들을 마구잡이로 베어냈기 때문이다.

미국과 중국의 무역전쟁 때문에 지구촌의 허파인 아마존 열대우림이 위험하다. 중국이 미국산 대두(메주콩) 대신 브라질에서 콩을 수입하면서 빚어진 것이다. 브라질에서는 열대우림 개발을 공약으로 내건 보우소나루 정권이 지역경제 활성화와 투자 유치, 고용 촉진을 위해 아마존 개발에 적극적으로 나서면서 아마존이 위기를 맞기도 했다. 이산화탄소를 흡수하고 산소를 뿜어 기후변화를 막는 지구의 허파일 뿐 아니라 세계 생물다양성의 보물 창고인 아마존의 열대우림이 사라지면 이상기상 등 자연재해가 이어질 것이라는 우려가 크다.

한편, 히말라야의 작은 나라 부탄의 국민행복지수는 "국가 성장의 척도는 국내총생산이 아니라 국민의 행복이어야 한다"라는 철학 아래 만들어진 독특한 국가 운영 체계다. 부탄은 지속 가능하고 공평한 사회경제적 발전, 환경 보존, 고유한 문화 보존 및 증진, 투명하고 깨끗한 정치 체계 등 4가지를 제시했다. 특히 다른 개발도상국과는 달리 헌법으로 국토의 60% 이상을 삼림으로 유지하도록 규정한 환경 보존이 인상적이다.

적도 주변의 고온다습한 기후에 발달하는 열대우림만이 생태계 내에서 중요한 역할을 하는 것은 아니다. 숲의 이산화탄소 저장 능력에 관한 연구에 따르면 중위도와 고위도의 숲이 저장한 이산화탄소의 절반 이상은 나이 140년 이하의 젊은 숲이 갖고 있어 열대우림을 능가한다. 젊은 숲이 이산화탄소를 조절하는 효과는 열대림에 뒤지지 않는다. 지구온난화를 완화하는 데 열대우림뿐만 아니라 온대 지역에도 나무를 심어 숲으로 가꾸는 것이 얼마나 중요한지 알려준다.

그러나 기후변화를 해결하는 근본적인 해결책은 화석연료 사용을 줄여 이산화탄소 발생 자체를 줄이는 것이다. 숲이 흡수할 수 있는 이산화탄소의 양은 한계가 있기 때문이다. 문제는 항상 자연이 아니라 사람에게 있으므로 해결책도 사람에게서 찾아야 한다.

법정에 선 자연의 권리

법률적으로 자연의 권리는 환경 소송에서 자연물과 동식물의 권리를 이르는 말이다. 자연의 권리를 논하는 것은 인간 중심의 사회를 생명과 자연이 공존하는 사회로 바꾸자는 뜻을 지니고 있다. 생명체의 하나인 사람의 인권과 삶을 담보하는 자연의 권리는 하나의 뿌리에서 나온다. 자연과 인간이 조화를 이루며 정의롭고 생태적으로 공생하는 지속 가능한 사회는 인권과 자연의 권리를 함께 키운다.

우리가 한때 그랬듯이 사회경제적으로 뒤처진 국가일수록 경제성장과 산업 발전이 우선이고 자연의 권리는 뒷전이다. 사람뿐만 아니라 지구 시스템을 구성하는 땅, 공기, 물, 생물을 아우르는 안목이 부족하다 보니 멀리 넓게 보지 못하고 눈앞의 이익에만 급급해 생명을 남획하고 난개발을 멈추지 않는다. 자연 파괴와 환경오염이 낳는 부담과 부작용은 쉽게 치유되지 않는다. 지구 시스템을 이루는 자연생태계가 교란되고 파괴되면서 기후변화, 미세먼지, 자연재해, 전염병이 일상이 되었다. 우리가 자초한 자연 생태 환경문제를 해결하기 위해서는 자연의 권리를 인정하고, 생태발자국을 줄이며, 어려운 이웃과 미래 세대를 생각하면서 절제하는 생활이 절실하다.

자연의 권리 소송을 허용해야 한다는 주장은 1972년 미국의 환경법 학자 크리스토퍼 스톤의 논문 〈나무도 당사자적격을 가져야 하는가)로부터 시작되었다. 그는 국가, 법인, 학교와 같이 인간이 아닌 존재도 권리의 주체로 인정되고 있듯이 자연도 권리의 주체가 될 수 있다고 주장했다. 이후 미국에서 자연물이 원고가 되어 소송이 진행된 사례는 주로 위기종보호법에 규정된 생물종의 서식지 보호지역과 관련된다. 위기종을 보호하는 데 실패했다고 주장하면서 희귀종을 원고로 소송을 제기한 경우들이다. 일본에서도 자연의 권리를 주장하는 소송이 많았다. 일본 홋카이도의 다이세츠 산 인근 주민들과 환경단체는 터널 공사로 우는 토끼의 서식지가 파괴된다며, 우는 토끼를 원고로 내세워 자연의 권리를 주장하는 소송을 제기해 1999년 승소 결정을 받았다.

국내에서는 도롱뇽 소송으로 알려진 천성산 경부고속철도 관통 반대 운동이 대표적이다. 하지만 2006년 대법원은 도롱뇽을 소송 당사자의 능력을 부정하는 결정을 내렸다. 현행 소송법 체계에서는 자연물인 도롱뇽 또는 그를 포함한 자연 그 자체에 대해 당사자 능력을 인정하는 법률이 없고 이를 인정하는 관습법도 존재하지 않다는 것이 이유다. 자연의 권리 소송은 주민의 생명, 신체, 재산의 보호를 위한 전형적 소송 유형과는 달리 자연 그 자체를 소송 당사자로 그 보호를 추구하는 새로운 소송 유형이다.

이 밖에도 4대강을 파헤치고 16개의 댐을 쌓아 강의 흐름을 막은 4대강 사업, 설악산국립공원의 산양 서식지와 정상 가까운 아고산대에 설악산 케이블카를 설치하려는 사업, 도요물떼새를 비롯해 수많은 갯벌 생물들의 서식지이자 철새들의 중간 기착지인 전라북도 군산·김제·부안을 연결하는 방조제를 막은 새만금 사업, 도시의 허파 역할을 하는 개발제한구역을 해제하는 수도권 난개발이 자연의 권리가 무시된 대표적인 사례들이다.

세계적으로 가장 청정한 환경과 살기 좋은 국가 중 하나로 주목받는 뉴질랜드에서 세상을 새롭게 보는 사건이 있었다. 마오리족은 1870년대부터 자신들이 조상으로 믿는 황거누이 강에 인간과 같은 권리, 의무, 책임을 부여하라고 요구했다. 오랜 투쟁 끝에 2017년에 뉴질랜드 의회는 자연 하천에 인간과 같은 법적 위상인 법인격을 세계 최초로 인정했다. 법인격은 자연인(사람)이 아니더라도 법에 의해 권리를 가질 수 있고 의무를 질 수 있는 법률상의 주체로서 자격을 말한다. 뉴질랜드 원주민인 마오리족과 공존한 뉴질랜드 북섬의 황거누이 강은 그 자체로 차별받지 않을 주체로서 법적 권리인 법인격을 갖게 된 것이다.

새로 제정된 뉴질랜드 법률에 따라 황거누이 강은 정부와 마오리족을 대표해 후견인 역할을 하는 대리인을 통해 자신의 안위와 이익에 문제가 발생했을 때 법률적인 행위를 할 수 있는 권리를 보장받았다. 즉 황거누이 강을 하나의 유기체로 인정하고 강을 오염시키면 사람을 해친 것과 같은 취급을 받게 한 것이다. 또한 뉴질랜드 정부는 법안이 통과된 뒤, 마오리족 공동체에 634억 원의 보상금을 지급하고 강의 보존을 위해 238억 원을 추가로 지원할 것을 결정했다. 그 뒤 인도에서도 갠지스 강과 야무나 강 등이 사람과 같은 법적 지위를 갖게 되었다.

뉴질랜드와 인도에서는 강에 개인, 기업, 사회에 인격을 부여하는 것과 다르지 않게 자연의 권리를 법적으로 인정한 것이다. 인간 중심적인 시각에서 자연의 대하는 것이 아니라 자연물인 강도 사람과 동등한 법적 지위를 갖게 되었다. 특히 뉴질랜드는 비로소 자연과 인간이 대등한 입장에서 조화롭게 살 수 있는 합법적인 길을 열었고 이 결과 환경선진국으로 평가받는다.

누가 문제를 해결할 것인가

오늘날 인간의 수명은 100세 가까이에 이르며, 현재 청소년의 수명은 120세까지 이를 것으로 예상된다. 과거보다 위생과 영양 상태가 좋아지고 의학도 발달하면서 평균수명이 늘고 있으며, 소비력 역시 증가하고 고급화되었다. 현대인들이 자원, 에너지, 토지를 과도하게 사용하고 소비하면서 기후변화, 환경오염, 생태계 파괴 문제가 커지고 있다. 식량, 에너지, 토지 등 자연자원을 과도하게 소비하고 인간의 평균수명까지 늘어나면서 자연에 주는 부담 또한 커져 자연생태계의 균형과 순환 체계가 무너지고 있다.

현대사회가 당면한 환경문제에 대해 우리 자신이 피해자가 아닌 원인 제공자 또는 가해자라는 마음가짐으로 문제 해결에 나서야 한다. 다른 사람을 탓하기보다는 우리가 먼저 친환경적이고 지속 가능한 의식주 생활을 실천해야 한다.

시민 과학은 전문적인 훈련을 받지 않은 시민의 자발적인 참여로 과학자와 협업을 통해 사회적 문제를 해결하는 것이다. 전세계적으로 생물다양성 분야에서만 130~230만 명이 시민 과학에 참여해 매년 25억 달러의 가치를 창출하고 있다. 우리나라도 시민 과학에 대한 인식을 높이고 시민 과학을 기후변화와 환경 문제 등 사회적 현안을 해소하는 데 활용하는 인적자원 개발, 육성 정책을 도입해야 한다.

기후변화로 인한 위기를 극복하고 인간과 환경이 조화 속에서 공생하려면 세계화에서 지역화로 패러다임을 전환해야 한다는 것이 《오래된 미래》의 저자 노르베리 호지의 주장이다. 환경을 위한 행동이 사회적 문제 해결에도 이바지할 수 있다. 기후와 생태계 위기를 극복하기 위해서는 우리 모두의 관심과 공동체 차원의 행동이 있어야 한다.

자연 생태와 환경에 관한 관심은 교육에서 시작되고 마무리가 된다. 그러나 안타깝게도 우리나라 중고등학교에서 환경 교과목을 선택하는 비율은 2007년 20.6%에서 해마다 줄어들어 2018년 8.4%까지 떨어졌다. 문제의 심각성을 인지한 정부도 기후 위기, 생태계 파괴, 미세먼지, 환경오염 등 환경문제를 해결하기 위한 관련 교육을 강화해야 한다는 사회적 요구를 수용해 환경교육

제도를 손질하면서 최근에는 28% 정도에 이르렀다. 지방자치단체와 시민사회가 연계한 사회환경교육도 강화하며, 환경교육을 의무화하는 것으로 제도를 개선한다고 하니 지켜볼 일이다.

자연 속에서 지냄으로써 자연을 느끼고 아는 것, 자연의 가치를 깨닫는 것은 교육에 매우 중요한 활동이다. 그러나 거미줄처럼 복잡하게 얽혀 있는 지구 시스템을 체계적으로 이해하고 개인의 행동이 자연생태계와 환경에 미치는 영향을 알기는 쉽지 않다. 먼저 우리가 자연환경에 어떤 원인과 과정을 거쳐 얼마나 영향을 미치는지 이해하고, 자연에 미치는 영향을 최소로 줄이는 데 필요한 정보와 지식을 배운 뒤 일상생활에서 하나씩 실천 항목을 늘려가는 것이 좋다.

자연환경 교육에서 가장 쉬운 접근 방법의 하나가 일상생활에서 개인이 남기는 흔적인 생태발자국을 줄이는 것이다. 선진국에서는 일상에서 흔적 남기지 않기 운동인 LNT(Leave No Trace)와 쓰레기를 만들지 않는 제로 웨이스트(Zero Waste) 운동 등이 주목받고 있다. 옷을 오래 입고, 육류와 커피 소비를 줄이고, 에너지를 아껴 쓰면서, 짧은 거리는 걷고, 텀블러와 장바구니를 활용하는 것은 누구나 할 수 있는 활동이다.

개인은 구매하는 물품의 생산지, 생산 과정, 이동 거리와 운송 공급 체계, 소비가 자연과 환경에 끼치는 영향, 폐기물 처리와 피해, 환경에 부담을 줄일 수 있는 대안 등을 두루 생각하는 지혜로운 소비자가 되어야 한다. 소비자의 의식이 바뀌면 생산자와 공급자는 이를 뒤따르지 않을 수 없는 것이 경제 논리다. 국가는 국민의 안전과 행복을 증진하기 위해 기능할 책무가 있고, 국민은 선거제도 등을 통해 이를 감시 평가하는 현명한 유권자가 되어야 한다. 자연과 환경에 미치는 영향을 줄이는 방법을 찾아 일상에서 나 자신부터 실천하게 하는 것이 지구 시스템 안에서 자연과 균형을 이루며 조화롭고 생태롭게 공생할 수 있는 첫걸음이다.

기후와 생태 위기를 자초한 인간 중심의 사회에서 자연과 인간이 서로 균형을 이루며 조화롭게 어울려 사는 생태 중심 사회로 전환하는 것이 장기적인 안목으로 미래를 대비하는 바른길이다. 자연은 이용과 착취의 대상이 아니라 인간의 생명을 담보하고 복리를 증진하는 어머니와 같은 그릇이다. 인류의 공유 공간이자 공유 자산인 지구에서 인권과 함께 자연의 권리를 존중하는 사회가 자연 속에서 모두가 행복하게 살 수 있는 상생의 길이다. 호모 심바이오시스(*Homo symbiosis*), 즉 지구와 공생하는 사람이 되기 위해 범지구적이고 체계적으로 생각하면서 우리 자신부터 친환경적인 지속 가능한 삶을 시작해야 할 때다.

나가며

내가 대학원에 입학해 생물지리학 공부를 시작했을 당시 우리나라는 발걸음도 제대로 떼지 못한 상태였다. 박사학위를 위해 공부하면서 선진국에서는 자기 나라의 자연생태계에 관한 연구가 정리 단계에 이르러 해외로 발길이 돌리는 것을 현장에서 보고 여러 생각이 들었다. 그렇다고 기초와 주춧돌 없이 새집을 지을 수 없었다.

귀국한 뒤 나이가 들면 쉽지 않으리라 생각해 우선 1,500m 이상 산꼭대기의 자연생태계와 경관, 환경을 답사하면서 조사했다. 동시에 우리 국토의 자연사를 알기 위해 화석 자료와 고문헌을 바탕으로 과거에 식생들이 변화된 모습을 복원하고, 고산에 사는 식물들의 자연사, 기후와의 관계 등을 탐구했다.

야외조사를 하려면 여러 날을 산에서 지내야 하고, 이를 위해 필요한 장비와 부식 등을 지고 다니기가 쉽지 않았다. 장마나 폭설이라도 만나면 꼴이 말이 아니었다. 동행한 학생들 중에는 다음 조사에 참여하기를 주저하는 일이 흔했다. 나와 같이하는 것은 3D 전공이라고 알려져 있는데도 불구하고 힘을 보태는 젊은 학생들과 함께 조사와 답사를 이어갔다.

학교에서는 틈틈이 화석 정보를 바탕으로 지질시대 식생사를 복원하고, 역사시대 고문헌들을 토대로 시대별 식물의 분포와 변화를 분석했는데, 한문 실력이 부족해 고생했던 기억이 새롭다. 야외조사와 실내 작업을 같이해야만 한반도 식생의 변천 과정, 현주소와 미래를 알 수 있기에 연구 속도는 더뎠다. 시간이 흘러 연구년 동안 축적된 자료와 조사 결과를 모아 논문을 쓰고 이를 정리해 식생사 책을 낸 것이 그나마 성과였다.

공부하면서 깨우쳐 알게 되고 학생들에게 가르친 것을 일상에서 실천하는 언행일치는 쉽지 않다. 30여 년 전에 인간과 환경의 관계를 주제로 강의하면서 나 자신이 자연환경을 지키기 위해 얼마나 노력했는지 되돌아보고 반성했다. 그 뒤 산지의 환경에 부담을 주는 스키와 골프를 배우지 않기로 나 자신에게 약속하고, 열대우림을 파괴하고 우리 농촌을 힘겹게 하는 커피 마시는 것을 끊고, 대중교통을 이용해 집과 대학교를 오가고, TV를 치우는 등 몇 가지를 실천했다. 몇 년 전부터는 육류를 생산하는 과정에 발생하는 환경 생태적 부작용을 고려해 가축을 길러 생산한 육류는 먹지 않고 있다. 이러다 보니 음식을 고르는 선택권이 줄어들고 음식 종류를 정하는 것이 어려워 다른 사람들과 어울려 식사하는 것이 쉽지 않다. 국민 음료라는 커피를 끊고 고기를 멀리하는 모습을 주변에서 유별나다고 여기고 이를 부담스러워하는 분위기도 이해가 된다.

백두대간의 높은 산들과 한라산 정상에 격리되어 자라는 식물의 자연사를 탐구하고, 지구온난화가 계속될 때 고산대와 아고산대의 식물들이 맞을 운명을 생각하면서 답사를 이어가고 있다. 그러나 한 분야에 관한 공부도 쉽지 않은데 여러 요인을 고려해 종합적으로 접근한다는 것 자체가 어렵다. 하나의 주제에 여러 분야의 전문가들이 머리를 맞대고 해답을 찾는 학제간 연구가 현실에서는 쉽지 않음을 느낀다. 아울러 아직 휴전선 이남의 산들에 관한 연구도 끝나지 않았는데 국토의 나머지 반쪽으로 2,000m 이상의 산이 60여 개나 되는 북한의 고산대와 아고산대를 답사하면서 조사 연구하는 것을 꿈꾸는 것은 과욕일까?

먼저 공부한 사람으로서 지구에 부담을 덜 주기 위해 일상에서 자연 친화적이고 지속 가능한 활동을 실천하는 것은 힘들지만 행복한 일이다. 물론 언행일치와 솔선수범이 쉽지 않음을 실감한다. 그럼에도 개인의 친환경적 실천이 필요한지 설명하고 함께 이야기 나누는 시간이 늘어 다행이다. 일상에서의 사소한 행동이 지구가 감당하기 힘든 위협이 된다는 사실이 널리 전파되고 변화의 시작이 되었으면 하는 바람이다. 미래 세대까지 가지 않아도 이미 우리 스스로가 기후변화, 생태계 파괴, 환경오염에 따른 불편과 부담을 체험하고 있다. '지구의 질문'에 귀 기울여 보며 나를 돌아보는 시간을 갖자. 지구의 미래를 묻는 질문과 답은 멀리에 있지 않고, 우리 곁에 있다.